開運に結びつく

# 神様のおふだ

## 神社別おふだのごりやく



桜井識子

ハート出版

# はじめに

この本を手に取っていただきありがとうございます。

本書のメインテーマは「おふだの効果」です。おふだに関しては、ブログを始めた当初からたくさんの質問をもらってきました。神棚に入れない、部屋に飾っておくだけのおふだに何かよい効果があるのか……というところから、どこに置くのが一番いいのか、どう扱えばいいのかなど、基本とも言える部分の質問も多くいただいてきました。

祈祷をするたびにもらっている、参拝に行くたびに買っている、そのため何枚もたまってしまってどうすればいいのかわからない、という方もいらっしゃるので、おふだの扱い方、飾り方などの基本的なことから、おふだの最大の特徴……恩恵と言ってもいいと思いますが、そちらについても詳しく書いています。

おふだには神様の波動が入っています。おふだを部屋に飾ることによって、私たちはその神様の波動を、神社の境内ほどではありませんが、毎日24時間浴びることができます。毎日浴びることによって、波動の効果が現れて、日々の生活がよい状態になっていきます。

購入した神社によって、おふだに入っている波動は違います。天満宮のおふだとお稲荷さんのおふだは波動が違うので、波動の効果も違います。つまり、どの神様の波動を浴びるのかによって、いただく恩恵が違うというわけです。

そこで本書では、神社の系統別におふだの効果をまとめてみました。どの系列の神社のおふだが、どのような効果を与えてくれるのかを知っていると、たとえば、仕事運を上げたい時だったら、どこに行けばサポートしてくれるおふだが購入できるのかがわかります。欲しい効果をもらえることで人生が徐々に好転していきます。

第三章は牛頭《ごず》天王の神社探訪記です。これまで牛頭天王がいる神社でわかっていたのは、京都に2社、兵庫に1社でした。関西だけでした。他の地域にお住まいの方から、「関西以外で牛頭天王がいる神社はどこですか？」という質問をたくさんもらってきました。

初めて私の本を読むという方は、牛頭天王って誰？　と思われるかもしれません。牛頭天王は「魔」の世界にも顔を出せる神様で、非常に大きな力を持っています。それは無理……と誰もが思う常識はずれの願掛けでもサクッと叶えてくれる神様です。気さくで面白い性質なので願掛けの工夫のしがいがあります。とてつもなく大きな恩恵をもらった歴史上の人物もいて、一生に一度は参拝しておきたい神様です。

序章の部分はハート出版さんに原稿を送信したその日に、担当者さんから依頼をもらいました。新型コロナについて書いていただきたいのですが……という内容です。新型コロナ感染拡大について書くことはまったく考えていなかったのですが、言われた瞬間に朝山神社が目の前にパーッと広がって見え、ああ、そうか、この神社を書くのは今なんだ、と気づき、お引き受けしました。

ブログのほうに新型コロナについて書いてほしいというリクエストが多く届きましたが、サイバーエージェントさんからの案内により、書くことを遠慮していました。私が書く内容はスピリチュアルな話であり、医学的でも、万人が認める確実な情報でもないため、炎上させたらサイバーエージェントさんにご迷惑がかかるかも？　と思ったのです。

ハート出版さんからは、また第2波が来るかもしれない、その時のためにぜひ……と、ありがたいお言葉をいただいたので、現在私が知っていることをすべて書きました。

おふだの系統については、取材を計画する時に思いつかなかった神社があり、愛宕神社系統が抜けています。その他にも知りたい系列があるという方は、リクエストを送っていただければ行ける時に取材をしてその結果をお知らせします。

多くの方がおふだのよい効果を得て、人生がよりよい方向にひらけますことを心から祈念して、この本をお届けしたいと思います。

桜井識子

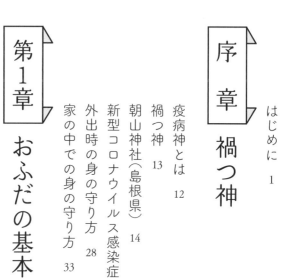

# 第2章 神社別おふだの効果

## 稲荷社系の神社



## 白山系の神社



## 猿田彦系の神社

## 日吉、山王、日枝系の神社



## 住吉系の神社



## 山岳系の神社

## 宗像系の神社



## 諏訪系の神社



## 金刀比羅宮系の神社



## その他の系統

## 第3章 牛頭天王

# 序章

## 禍つ神

## 疫病神《やくびょうがみ》とは

厄病神とも書きます。「疫病《えきびょう》を流行させる神様」と、辞書などに書かれていますが、はたしてこのような〝神様〟が本当にいるのでしょうか。

疫病を流行させ、多くの病人を出し、大勢の人を死に至らしめる……このようなことをするのですから「魔」の存在だと言われれば納得できます。しかし、神様とはどういうことなのか……と疑問を持ったことがある人は少なくないと思います。

昔は、流行り病は怨霊《おんりょう》のしわざだと考えられていました。疫病を抑えたいと思った昔の人が怨霊を「神様」として祀《まつ》り、そこから神様ということになったのかもしれません。病気を広範囲で流行らせるのはかなりのパワーを要します。そのような力は人霊にはありませんから、私は、疫病神は「魔」の世界の存在、魔物の一種ではないかと思っていました。

疫病神は昔の人が作った想像上の神様で、実在しないのかもしれない、もしも、いたとしても……それは魔物だろうな、と漠然と考えていたのです。特別に興味があったわけではないので、調べたりすることもなく、読書などで疫病神の文字を見た時にチラッとそう思っていただけです。

驚くことに……疫病神はいました。2年前に参拝した〝神社〟にいたのです。この神様のことはいつか紹介しなければと思っていましたが、個性の強い神様であり、疫病神ですから、どの本のテーマとも合わず……なかなか書くチャンスがありませんでした。

今回、ハート出版の担当者さんに新型コロナについて書いてほしいと言われ、言われたその瞬間に、この神社がパーッと目の前に広がりました。ああ、書くのは今なのだな、ということがわかり、この本でお伝えすることにしました。

## 禍《まが》つ神

伊弉諾尊《いざなぎのみこと》が黄泉《よみ》の国から戻ってみそぎをした時に、その汚れから生まれ出た神として、『古事記』には「大禍津日神《おおまがつひのかみ》」「八十《やそ》禍津日神」、『日本書紀』には「八十禍津日神」の名前が書かれています。

災害・凶事などを引き起こす神様だそうです。

これから書く神様は、記紀に登場するこれらの「禍津日神」とは違うので、「禍つ神」と表現しています。神様ご本人が「禍つ神」と言ったので、そのまま書くことにしました。流行り病を含めた凶事をつかさどる、禍々しいほうの〝神様〟です。

## 【朝山神社】

### 島根県出雲市朝山町1404

2018年に、出雲大社と周辺の神社を参拝しに島根県に行きました。

その前に行ったのは2014年の神在祭《かみありさい》でしたから、その時は、周辺の神社の神様は出雲大社の会議に出席していてお留守でした。さらに、雪の中を運転して帰るはめになるかも？　という天気の問題もあり、日御碕《ひのみさき》神社ともう1社以外の神社は参拝せずに帰ったのです。

2018年に行った時は2月だったので、あちこちの神社をまわりました。その時に見つけたのが「朝山神社」です。けっこう山の中にあります。参拝者がいなくて境内にいたのは私ひとり、駐車場も私のレンタカー1台だけでした。

古い石段を上がっていくと、非常に簡素な作りの随身門があります。そこをくぐり、石段を上りきった拝殿エリアに入ると……なんともいえない世界が広がっていました。

神社？　と周囲を見まわしたくらい、異質なのです。

ご神気は重たくて、スッキリしていないといいますか、広がっていないという感じがします。どよ～んとしており、珍しいなとは思いましたが、不思議なことに暗くはありません。

拝殿の右手に3社、左手に1社、境内社があります。この境内社がちょっと変わった造りで、柱の足が長めになっています。地域的なものかな？　と思いました。この境内社もなんだか「違う」のです。

近くに行ってみると、神様は入っています。入ってはいるのですが……いるだけ、みたいな雰囲気です。人々の願掛けを叶えるという神様ではありません。眷属《けんぞく》が入った狛犬も、なぜか左右が逆で……頭の中が疑問符だらけとなりました。

一番違和感を覚えたのは、境内社と狛犬2体に入っている眷属の神格が、本殿のご祭神のものよりも高いということです。境内社には勧請元の眷属が来ていることが多いし、狛犬はその神社のご祭神の眷属が入っています。ですから、神社の中ではご祭神が一番神格が高いのが普通です。

変な神社だな～、と思いつつ写真を撮りました。撮影しながら、ふと見たら……本殿に女性姿の神様が見えます。私をじぃぃぃーっと見ています。この女性の神様が見たこともない変わった格好をしているのです。

なんと！　白いヘビを首に巻いています。え？　ヘビ？　と今度は私がじぃぃぃーっと見つめました。神様はキツネの襟巻きでも巻いているかのような、涼しい雰囲気で立っていますが、どう見ても首に巻いているのは白ヘビなのです。

きゅっと巻いているのではなく、ゆる～くマフラーのように巻いています。それってファッション？　オシャレ？　と思いましたが、ヘビのほうはのんびりムードではありません。いつでもぎゅーっと締められるよう、気を張っているのです。

羽衣《はごろも》のたすきというか、細長い布のようなものを首周辺にふわふわさせているのではなく、緊張感あふれるヘビを首に巻いています。初めて見るお姿で……驚きました。

神様は私をじぃぃぃーっと見続けており、「うわぁ……普通じゃないよな～。来て失敗したかな～」と思ったのですが、とりあえずご挨拶をしました。この神様は一切しゃべりません。仕方がないので、境内を先に見ました。

「雲井《うい》神苑」と書かれたほうへ行ってみたら、展望スポットがありました。けっこう高い位置で広範囲を見渡せる場所となっています。ここから稲佐の浜と出雲大社が見えます。位置的にはよい場所なのです。

けれど、山岳系神様ではありませんし、山の神様や、土地の神様とも違います。チラッと見ると、やっぱり白いヘビを首に巻いている女性姿の神様です。

しかも、まだ私をじぃぃぃーっと見つめたままです。話しかけても黙っていて、返事をしてくれないため何もわかりません。「私が必死にご機嫌を取って話をしてもらう……というのも違うしな〜、じゃあ、もういいか」と思いました。

はるばる取材に行っても収穫のない神社はたまにあ

ります。神様がいない、いても姿を見せてくれない、話をしてくれない、話をしてくれても特徴がないので書くことがない、知っている話ばかりで、すでにどこかに書いているなどの理由で、紹介していない神社が数多くあるのです。この神社もよくわからないので、本にもブログにも書けないな、と思いました。

「さて、帰るか〜」

駐車場に向かって歩き出した時です。

「聞きたいことは……ないのか……」

予想に反して神様のほうから声をかけてくれました。あわてて社殿のほうに戻ります。

「あります！」

「なんだ？」

「首に巻いている、そのヘビです！」

「うむ」

「どうしてヘビを首に巻いているのですか？」

次の瞬間、シャーッという不気味な音をたてて、神様はものすごく怖い顔に変身しました。大きく開けた口の端がつり上がり、目もつり上がって、まさにヘビのような顔になったのです。夜、暗いところでこの顔を見たら、腰を抜かす人は多いと思います。

「ワシは……禍つ神である！」

言ったあとに、ジャジャーン！　と効果音が響きそうな迫力です。しかし、私はこの神様以上に恐ろしい魔物を見たことがありますし、この神様は〝神様〟だとわかるのでまったく怖いとは思いませんでした。

「へぇ～」

「…………」

神様は、「キャー」「怖い～」と驚かない私を見て拍子抜けしたのか、ため息をひとつつくと、するする～っともとの顔に戻りました。

「そういう神様がいるんですね。禍つ神ってどのような存在なのですか？」

ご本人によると、疫病を流行らせたりするけれど、〝神様〟である、というそこを強調していました。

「疫病を流行らせるのなら、悪霊、魑魅魍魎《ちみもうりょう》と同じ種類のように思うのですが……」

「違う」

どう違うのだろう……と思っていたら、悪霊や魑魅魍魎は、病を「流行らせる」ことはできないと言います。病気を広く流行させるには強大なパワーが必要であり、悪霊や魑魅魍魎はそれほどの力を持っていない、持っているのは……神だけだ、と言うのです。

神様の中でも、この禍つ神が疫病を流行させており、それが仕事だそうです。

「ということは、神様という種類の中に、一般的な普通の神様と禍つ神がいるのですか？」

「そうだ」

「今も？　ですか？」

現代は昔とは時代が違います。昔の家は非常に簡素な造りで、冷蔵庫やテレビ、パソコンもなく、電車や飛行機もありません。病気になったら祈祷で治そうとしていたのです。その時代だったら病を流行らせることは簡単そうですが、医学が発達した現代に病気を流行らせるのは難しそうです（参拝は２０１８年だったのでそう思っていました）。近代化したこの時代に禍つ神がたくさんいるとは思えなかったのです。

神様によると、時代は変化をしていて、その変化に合わせて神様の世界も変化しているそうです。だから今は新しい禍つ神は出てこない、いるのは古代からの禍つ神のみである、ということを教えてくれました。禍つ神という存在はかなり古くて、超古代からいたそうです。

昔の人は禍つ神（疫病神）が「神様」であるとわかっていなかったのかもしれませんが、ちゃんと神様と呼んでいることがすごいです。疫病は怨霊やもののけのせいだと思い、祀ることによって収束させよう、疫病から守ってもらおう、としたようで、それで神様と呼ぶことになったのでしょうが、ちゃんと正しく敬称をつけているのが驚きです。


「どうして疫病を流行らせるのですか？」

「それは、まぁ……指示が……ある……」

え？　どこから？　と思いましたが、これ以上は聞くなという態度で横を向いたため話題を変えました。下手に突っ込んで聞いて、ぷいっと姿を消されたらコンタクトは終わってしまいます。他の話を聞くこともできなくなります。

「人々を病気にさせるということは、病気を治すこともできますよね？　たったひとりの人間を治すことくらい簡単なのではないでしょうか？」

「う……む……まぁ、そうだが……」

歯切れの悪い返事ですが、しっかり肯定しています。この神様はどうやら病気を自在に操れるようです。

「本に書いてもいいですか？」

「本に書くと、平癒祈願をしに多くの人間が来るではないか」

「はい！　簡単に治せるのですから、いいではありませんか。どんどん治して下さい」

「うっとうしいから、イヤじゃ」

「え？　ここは神社なのに……？　神様は人々の願掛けを聞いていないのですか？」

「退屈な時に叶えてやっている」

「退屈な時……ですか」

「病気を治すと書いたら、多くの人間が来るだろう。うるさいのはかなわぬ」

　この神様はお稲荷さんのように、人々に多く参拝してほしい、という神様ではありません。静かなほうがいいと言うのです。さらに人間を助けてあげよう、救ってあげようというタイプでもないため、願掛けを成就させることに積極的ではないのです。

「じゃあ、お願いはナシで、おしゃべりもナシで、っていうのはどうでしょう？」

「それは……来る意味があるのか？　こんなところまで」

「ないです」

「…………」

禍つ神はツッコミを入れたいのか、微妙な顔をしています。禍々しい神様なのですが、恐怖を与えて黙らせたり、恐ろしさを前面に出して威圧したりするのではなく、普通の神様なのです。ある意味、気さくでフレンドリー、話しやすい神様だといえます。

ツッコミを入れてくれるかな～、と、ワクワクして次の言葉を待っていたら、

「退屈な時に来れば病気くらい治してやってもいいが……いつもとは限らぬ」

と予想外の、でもありがたいことを言ってくれました。

「それでも喜ぶ人はいると思います！　運がよければ、参拝がちょうど神様の退屈な時で快癒するってことですね」

私がウキウキしながらそう言うと、禍つ神はしぶしぶうなずいていました。

「どうしてヘビを首に巻いているのか、教えて下さい」

「見張りじゃ」

「見張り……どこかから見張られているのですか？」

「出雲大社に決まっているだろう」

へぇー！　とビックリです。禍つ神は本人の意思とは関係なくここに祀られて、なお

かつ、禍々しい流行り病を二度と起こさないように、白ヘビ（大蛇の小さいバージョンだそうです）に見張られていたのです。ヘビは禍つ神がファッションで襟巻きにしているのではなく、ヘビのほうからからまっていたのでした。禍つ神が勝手に動かないように、です。

「他の禍つ神はどこにいるのですか？」

「古いところにいる」

古代からある古い神社にいるそうです（ニュアンス的には全国に2〜3柱のようでした）。現在、日本の禍つ神はすべてこのように、大きな神様にしっかり抑え込まれているそうです（禍つ神の最後の1柱が抑え込まれたのがいつなのか、そこは聞き漏らしました）。

ですから、勝手に動くことができず、病気を流行らせることもできません。この神様のように気が向いたら願掛けを叶えたりして、暇をつぶす日々なのだそうです。

そして、一番驚いたのが、禍つ神は全員大陸から来た、という発言です。日本にはもともと、禍つ神はいなかった、と言うのです。

「へぇぇぇぇー！　日本っていい国なんですね。中国でも禍つ神は全員が大きな神様に抑え込まれているのでしょうか？」

「そうではない神もいる」

ひ〜！　それって……疫病を流行らせたいと思ったら、自由にできるってことで……

怖いな、と思いました。この時はSARS《サーズ》が頭に浮かびました。まさか新型コロナウイルスが世界中に蔓延する世の中が来るとは思えず、この話はここで終わりました。

「古い神様って、人間にとって良い神様だけじゃないんですね」

禍つ神はフッと笑い、

「貧乏神もいるぞ」

と教えてくれました。

禍々しいことを起こす禍つ神ですが、会話は楽しかったです。悪霊、魑魅魍魎の類ではありません。本当に神様の一種なのです。もとが人間ではありませんから、怨霊だったのを祀られて神様になったのでもありません。重ねて言いますが、神様なのです。禍々しい方向の。

最初に見た雲井神苑は、出雲大社が見える位置なのかと思ったら、逆でした。出雲大社から見える場所である、ということです。出雲大社の神様に、動かないように見張られているのです。

病気を流行らせたりしないように、出雲大社の眷属のヘビが首に巻きついてまで監視をしています。つまり、それほどパワーある神様であり、活動をすると恐ろしい、ということです。

しかし、私が帰ろうとしたら、神様のほうから声をかけてくれました。ということは、禍々しい神様ですが、そこは〝神様〟ですから優しさを持っているわけです。病気を治してほしいことを切々と訴えれば、不承不承でも聞いてくれるように思います。病気を広範囲に病気を流行らせる力を持っていますから、願掛けを叶える時はものすごい叶え方をしてくれるはずです。

## 新型コロナウイルス感染症

日本にいる禍つ神が勝手に動けないのは、出雲大社の神様をはじめ、大きな神様が抑え込んでいるおかげです。日本は欧州やアメリカほど感染規模が大きくありませんでした（2020年5月現在）。ありがたいことだと思います。

感染が拡大している時にたまたまアメリカのABCニュースを見ていたら、アメリカの前日の死亡者数が１８００人と報道されていました（ニューヨークの死亡者数だったかもしれません）。感染者数じゃなくて？　亡くなった人が１日で１８００人もいるの？　とその人数の多さに驚きました。

ニューヨークでは亡くなった人を一時的に保存するために（すぐには葬儀、埋葬ができなかったらしいです）冷凍車の超大型ロングトラックを病院につけて遺体を運び入れていました。セントラルパークには多くのテントが張られて、そこが病院になっていたりと、映像を見ているとコロナの恐ろしさがひしひしと伝わってきました。

日本では欧州やアメリカのような大規模な感染拡大はありませんでしたが、それでも感染は広がりました。禍つ神が関係していなくても、感染はある程度拡大するのです。そこには物理的な問題があります。

どこかでウイルスをさわって手にウイルスがついている、その手を口にもっていけば感染します。ウイルスに感染している人が至近距離でくしゃみをして、唾液の飛沫を浴びれば感染します。

神様か仏様が手についたウイルスを殺してくれればいいのに……と思うかもしれませんが、神仏は生物を殺しません（ウイルスは生物か非生物か、その判断が難しいようですが……）。犬や猫、うさぎやリス、トカゲ、虫などを殺さないのと同じです。

人間にとっては、人間を殺す可能性がある脅威のウイルスです。そんな悪いウイルスは神仏が絶滅させてもいいと思う、という方がいらっしゃるかもしれません。しかし、それを理由に神仏がウイルスを殺したら、他の生物にとって脅威となっている生物も殺さなければいけなくなります。

たとえば、アリはアリクイに食べられてしまいます。1日に3万匹ものアリを食べるアリクイはアリにとって脅威の存在です。でも神仏はアリクイを殺したりしません。それと同じです。人間だけをえこひいきして、他の生物を殺すということはありえないのです。ですから、物理的に近くにいるウイルスは個人で防ぐしかないというわけです。

## 外出時の身の守り方

もしかしたら、感染の第2波があるかもしれないので、スピリチュアル的にどう身を守るのかについて書いておきます。

まず、第一にすることは一般的な予防方法です。手洗いの徹底、マスク着用、密閉・

密集・密接の3密を避ける、不要不急の外出を避ける、です。そこにプラスするのが、神仏にどう守ってもらうか、ということです。

非常事態宣言中でも出勤しなければいけない、外出しなければいけないという方がいらっしゃると思います。外出した時に……たとえば、電車だったらどのつり革にウイルスがついているのか、スーパーだったら感染したお客さんがさわってしまった商品がどれなのか……神仏や守護霊にはすぐにわかります。

するとそこを「さわってはいけない！」という警告をしてくれます。この警告を受け取ることが自分を守ることにつながります。

警告は派手にわかりやすくくれるわけではありませんから、あらかじめ神仏にご縁をもらっておく、参拝してお願いをしておく、守護霊と深くつながっておくことが大事です。本人の心に働きかけるという方法で教えてくれるからです。自分の意思だと勘違いしてしまうこともあるため、神仏や守護霊の警告を警告として、心に響かせるようにしておきます。

どのように心に働きかけるのかといいますと……通勤で毎日乗っている車両なのに、その日に限って乗りたくないと思う、リンゴを買うつもりでスーパーに行ったのにリンゴがまずそうに見えて買うのをやめようと思うなど、避ける方向で気持ちが動きます。リンゴを買いに行ったのにイチゴのほうがキラキラと美味しそうに見えて、リンゴを買うのをやめる、という他がよく見えるせいでそれまで選択していたものを避ける、ということもあります。

このような感情は警告の可能性があると知っておく、さらに、素直に従うことが大事であるということも覚えておきます。

時間をずらしたほうがいい時は、スーパーに行く途中で「あ、そうだ、マスクを買っておこう」と思うかもしれません。銀行を見て「お金をおろしておこうかな」と立ち寄ることもあると思います。その数分で、ウイルスがいる状況が変化するので、助かるわけです。

難しいのは、警告は本人の心に働きかけるため、自分の意思と区別がつきにくい、という点です。「マスクはまだあるからいいや」「銀行は帰りに寄ろう」と、せっかくの警告を打ち消してそのまま進んでしまうこともあります。

心に働きかける、ということを意識しておけば、気持ちが変わった時に「もしかしたら警告かな？」と考えることができますから、気づく確率が高くなります。

「警告を受け取る自信がありません」という方は、お守りを持ち歩くことをおすすめします。持っていない人は非常事態宣言の再発令に備えて、準備をしておくといいです。ちなみに、お守りの波動は半年です。

お守りは神様への小型の通信機です。握りしめてSOSを発信すると、その神社の神様か眷属が助けに来てくれます。この時、手のひらでしっかり〝握りしめる〟ことがポイントです。形が崩れてしまったり、布がよれてしまったりするでしょうが、そこは仕方ありません。

お守りを常に携帯し、たとえば、お店やスーパーに入る時だったら「感染した人がさわった商品をさわらないように助けて下さい！」とSOSを発信します。電車に乗る時にマスクをしていない人を見つけたら「マスクをしていない人がいるので怖いです！助けて下さい」とお守りを握りしめてSOSを発信すると、神様か眷属が見に来てくれて、危険な場合は守ってくれます。心に働きかける警告を受信する自信がないという人は外出時にお守りを持つといいです。

おふだはお守りより波動が強いから、おふだを持ち歩くほうが効果が高いのでは？と思う人がいるかもしれませんが、逆です。40ページで説明をしているようにおふだとお守りは役割が違うからです。

波動が強いので、幽霊は寄ってきませんから、廃墟などに行く時におふだを持って行くのは効果アリです。幽霊が神仏の波動を避けて近寄りません。

しかし、ウイルスは神仏の波動を怖がらないし、イヤがりませんから、おふだを持っていても避けてくれないのです。さらに、おふだは小型通信機ではないので、握りしめてもSOSを発信できません。そもそも手のひらの中に握りしめることができない大きさなのです。神棚に祀るから神社の窓口になるわけで、持ち歩いているおふだは神社の窓口でもありません。

ですから、お守りを〝ひとつ〟持ち歩くことがおすすめです。何個か持っている人は、その日の気分でひとつだけ選びます。いくつものお守りを持ち歩くのは、波動の混線がないとも言えず、私だったらひとつしか持ちません。

お守りを身につけておくことで、感染するかも？　という事態になった時に、即、神様とつながることができます。すでにご縁をいただいている神社がある人は、どこにいても神様と眷属には居場所がわかるので、お守りは必要ありません。SOSを発信すればすぐに来てくれます。

## 家の中での身の守り方

警告に気づかずにウイルスをさわってしまった、集団感染が発生したところにいて避けることができなかったという場合、本人がまだ感染に気づいていない潜伏期間でも神仏にはわかります。このような事態になったら、症状をできるだけ軽くしてもらいます。

家に神棚がないお宅はおふだを置いておくことをおすすめします。

神社に行って神様に、「用心していますが、もしも気づかずに感染したら、その時はできるだけ症状を軽くして下さい」ということを事前にお願いしておきます。その後、おふだを購入します。このおふだは「コロナの願掛け」をしたコロナ専用のおふだです。お願いした内容が内容ですし、このような世の中の状況ですから、眷属が時々、おふだを目印に見まわりに来てくれます。

郵送で購入するおふだは、じかにお願いができませんから、できれば参拝したほうがいいです。自分で直接、しっかりとお願いをしたほうが見まわりの回数を増やしてもらえたりするからです。

郵送で買っても問題がないのは、「神棚に祀る」「波動を利用する（63ページで詳しく説明しています）」場合です。

おふだを買いたいけれど参拝に行けないという方は、金額が高くなってしまうのですが、郵送をお願いする時に祈祷も一緒にしてもらったほうがいいです。そうすると、神様にコロナ予防の波動を入れてもらえますし、眷属の見まわりコースにも入れてもらえます。

祈祷での願掛けは「コロナウイルスから守って下さい」です。個人宅を守ってもらう内容にします。「コロナウイルス撃退」だと、ニュアンス的に日本を守る、人類を守るということになりますから、個人を、または家を、家族を守ってほしい、という願掛けを神職さんにしてもらいます。祈祷で神様に住所の番地まで伝えてもらうことは必須ですから、神職さんにそのようにお願いしておきます。

ご縁をいただいている神社（たった一度の参拝でもいただけることがあります）、時々参拝している神社、子どもの頃によく通っていた神社などは、すでに見まわりコースに入れてくれているかもしれません。

すでに見まわりコースに入っていればおふだは必要ありませんが、おふだを置いておくと来てくれた眷属がそこに宿って長居をしてくれます。守護が強固になりますし、他のトラブルからも守ってもらえることがあります。縁起物に宿るというパターンもあります。

神棚があって実際に神様が鎮座していれば、そのお宅はそれでもう何の心配もいりません。

神棚があるけれど、まだ神様が鎮座していない、神社の窓口であるというお宅は、神棚を通じて神社に直接声が届きます。不安を伝えるとその都度、神社から眷属が見まわりに来てくれます。

たとえば、スーパーから帰って神棚に「たった今、スーパーから戻ってきました。買ったものにウイルスがついていないか不安です」と言うだけで、眷属がしゅっと見に来てくれます。ウイルスがいれば、なんらかの手段で教えてくれますし、さわらないようにしてくれます。

ただし、「見に来て下さい」と命令するようなことは言わないようにします。不安である、怖い、ウイルスがついていたらどうしよう……と言えば、すぐに来てくれます。

神棚にお話をする時は必ず、ロウソクに火をつけます。祝詞《のりと》は唱えても唱えなくてもかまいませんが、ロウソクの火は必要です。２拍手してからお話をして、話し終えたら

2拍手で締めます。いつも神社に声が届くというのが、神棚を設置して日頃からお世話をしているメリットです。遠慮なく手を合わせてお願いをするといいです。

感染したかも？　となったら、神棚がある人は、毎朝、神棚に新しく塩をお供えします（神棚専用にしている塩だったら同じ袋から毎回お供えしても問題ありません）。塩をお供えして、ロウソクに火をともし、2拍手して、重症化しないようお願いをします。お願いをし終えたら、2拍手で締め、火を消して、塩をおろします。ほんの少しでいいので、お下がりのその塩を舐《な》めます。これを毎日繰り返します（1日1回で十分です）。塩は常時神棚に置いておくべきものなので、おろしたあとは再び新しい塩をお供えしておきます）。

神棚がないお宅は、1日1回（できれば午前中）、お守りを握って重症化しないようSOSを送ります。さらにコロナの願掛けをしたおふだを仰向きに寝かせ、その上に少量の塩を置きます。5分ほどおいたら、ほんの少し舐めます。おふだはすぐに、また立てて置いておきます。

コロナの願掛け（自分で神社に行ってじかに神様にお願いをするか、郵送だったら祈祷をしてもらいます）をしていないおふだだったら効果は薄いです。事前にコロナ専用のおふだを用意しておくのがベストです。

第2波に備えて、大好きな神社やパワーのある神社で、おふだとお守りを買っておくことがおすすめです。お守りは半年しか持ちませんから、いざという時に半年たっているることが考えられます。しかし、おふだと違ってお守りのほうは祈祷なしの郵送で買っても問題ありません。お守りの小型通信機という機能にコロナの祈祷は必要ないからです。

複数の神社で同じ願掛けをすることはかまわないので、コロナから守っていただけるよう、あちこちにお願いをしておくと、ガードが堅くなって安心です。

# 第1章 おふだの基本

## おふだとは

神社に行って、「ああ、ここの神社、好きだな〜」と思った時、その神社の神様に常に守ってもらいたい、ご縁をいただけたら嬉しい、ということで、おふだやお守りを購入する人は多いと思います。

パワーが強い神様のおふだがほしい、縁結びや受験合格など専門性が高い神様のごりやくを授かりたい、と考えて購入する場合もあると思います。

しかし、おふだを買ってきたのはいいけれど、さて、家のどこに置けばいいのか、どう扱えばいいのかがわからない……してはいけないことはなんなのか、逆にしたほうがいいことはあるのかなど、と悩んでいる人が少なくありません。おふだを置くことで何か特別なよい影響があるのか、買い替える時に神社を変えてもいいのか……など、おふだの基本的なことをもっと知りたい、というメッセージが私のところに届きます。

そこで本書ではおふだの基礎から専門的な部分までを、詳しく解説しようと思います。

おふだもお守りも、神社の授与所で買うものであり、どちらにも神様の波動が入っています。大きさが違う、形が違うだけで同じように思われるかもしれませんが、実はおふだとお守りは〝役割〟が違います。

お守りは基本、持ち歩くためのものです。

神様の波動は目には見えませんし、固体ではないので、人間は波動そのものを持つことができません。神様の波動を常に身につけておく、持ち歩く、そのようなことができないのです。そこをサポートするものとして、お守りがあります。

では、なぜお守りとしてでも波動を持ち歩いたほうがいいのかと言いますと、これはいざという時に神様に助けてもらうためです。お守りを持っている人が神様に「助けて！」とSOSを発すると、神様（もしくは眷属）はお守りの波動（神様からすれば自分の波動、眷属にとっては親分の波動ですから、持っている人がどこにいてもすぐに見つけることができます）をめがけて飛んできてくれます。

神様と人間の関係で「神様にご縁をいただく」というものがあります。これは神様が一方的に与えるものですから、人間がほしいとお願いしても、もらえるとは限りません。何度か参拝に行ったことがある神社、子どもの頃から通っている神社、1回しか参拝していなくても、一生懸命にお話をして、大好きだと思った神社だったら、ご縁はいただけていると思います。

こうしてご縁をもらえた人は、その人がどこにいるのか神様はご存じです。ですから、お守りはいりません。けれど、まだご縁をもらっていない人は、どこにいるのかを一瞬でわかってもらえる波動という目印が必要になります。

緊急のSOSはお守りを通じてストレートに神様に届きますから、いつでもSOSを発信できるようにお守りを身につけておくと安心です。31ページにも書いていますが、緊急時の通信機としての機能があるからです（握りしめて発信します）。

では、おふだの役割とはなんなのでしょうか？

おふだはお守りよりも神様の波動が、強力に、濃厚に入っています。お守りは個人を、つまり、ひとりの人間を守るものですが、おふだは家の中や家族を守れるように濃い波動が入っているのです。お守りの超強力バージョンです。

さらに〝神棚に祀《まつ》る〟と、神社の窓口として機能するようになります。神棚を通して神社に声が届きますし、丁寧にお世話をしていることが神社の神様に伝わります。その神社の眷属がおふだを目印に、見まわりに来てくれることもあります。

このようにお守りとおふだは、役割というか、機能がまったく違うのです。

## 護符との違い

護符はおもに仏教系のおふだのことを言います。ペラペラした一枚ものの和紙で、よくわからない絵や読めない文字、梵字《ぼんじ》などが描かれているものが多いです。和紙の大きさはさまざまで、大きなものから細長い小さなものまでいろいろです。

人間を守るための呪術がかけられていたり、絵や文字それ自体が呪術だったりします。私たち一般人が購入する護符は、将来やってきそうな災厄を呪力で防ぐ、怨霊や幽霊などの悪いものから呪力で人間を守る、というものです。僧侶が使うものの中には、霊などを〝封じ込める〟ための護符もあります。

私が実際に使ってみたことがあるのは、比叡山の元三《がんざん》大師堂で購入した「角《つの》大師」と「降《ごう》魔《ま》大師」の護符です。どちらも悪いものの侵入を本当に食い止めていました。

熊野本宮大社、熊野那智大社、熊野速玉大社は神社ですが、有名な「熊野牛王符《ごおうふ》」という護符があります。こちらも1枚ものの和紙に図柄が印刷されています。神社で購入しますが、護符ですから、仏教の護符と同じ効果があります。

護符であるこの和紙に、手を合わせてお願いをしたり、祝詞《のりと》を唱えたり、お供え物はしません。そのようなものではないのです。

護符は和紙自体に呪力が込められていて、紙がその効力を勝手に発揮して効くというシステムです。つまり、波動を持っていませんし、おふだのように窓口になるものでも、お守りのように小型通信機になるものでもないわけです。護符はもとの神社、お寺とは繋がっていません。

紙が勝手に呪力を使って悪いものを寄せつけない……それが護符であり、仏教系のおふだなのです。

## 形と材質

おふだとひとくちに言っても、大きさや形、材質はさまざまです。「木」のおふだがあれば、「紙」のおふだもあります。紙と木で「幣《ぬさ》」をかたどったおふだもあります。大きさや形、材質によって波動の強さが違うということはありません。同じ神社で購入する場合、どれを選んでも大きな違いはないので、見た目や好みで選んでも問題ないです。

ただ、神様によっては波動の〝種類〟が違うこともあるので、希望するほうを買うといいです。

第3章でご紹介する羽田《はねだ》神社で「材質で違いがありますか?」と神様にお聞きしたところ、

意外な答えをもらいました。

願掛けをサポートする波動を入れやすいのは木のおふだだそうです。ちょっぴりですが、波動が願い事をサポートするようにできる、と言っていました。神様に手を合わせてお願いをする時に、木のおふだを買うのでサポートをする波動を入れて下さい、とひとこと言っておくといいそうです。

紙のおふだは、神様ご自身の波動を濃縮して入れるものらしいです。言わば、神様の分身、ミニチュアみたいなものです。祈祷をしたあとにもらう紙のおふだは違いますが（次頁で説明します）、祈祷をせずに授与所で買う紙のおふだは、神様の波動のみです。

願掛けをして、この願いは絶対に叶えてほしい！　という時は、木のおふだを買います。ここの神様の波動がたっぷりとほしい、それを家に置いておきたい、という場合は、紙のおふだです。

眷属に定期的に見まわりに来てほしい、という人は、紙のおふだを買います。こちらのほうが波動の関係で断然居心地がいいそうです。

一種類しかないところはどちらの特徴も兼ねていますから、願掛けサポートがいいのか、高濃度の波動がいいのか、神様に直接お願いをして強めてもらうといいです。

## 購入するおふだと祈祷でもらうおふだ

神社で神職さんに〝祈祷〟をしてもらって、授与品としていただくおふだは、購入するものよりほんの少しですが、強い波動が入っています。それは祈祷をしている間、神前に置かれているからです。

祈祷という〝儀式〟で、神職さんが祝詞を丁寧に唱えますから、そこで自然とプラスアルファの波動が入ります。神様が入れるのではなく、行なわれた儀式によって入る、という感じです。ですから、強力に強いものが入るというわけではなく、購入するものよりは強めというくらいです。

祈祷の中で神職さんが願掛けや住所を奏上《そうじょう》してくれます。この神職さんの祈祷の仕方次第で、願掛けをサポートする波動入りのおふだとなることがあります（紙のおふだでもそうなります）。

少しでも強いおふだをもらうために、祈祷をお願いしたほうがいいのかというと、そこまで大きな差はありません。購入したものも、祈祷で授与されるものも、期限は1年で同じですし、私たち人間が受け取る影響もほとんど変わりません。波動が若干強いからといって、特別何かが大きく違うということはないのです。

「魔」から守ってもらえるパワーが違うのでは？　と思われる方がいらっしゃるかもしれませんが、魔物から守ってもらうパワーの違いというのは、「神社」の違い、「神様」の違いです（後述します）。

ですから、同じ神社のおふだだったら、祈祷をしてもらったおふだのほうがちょっぴり強い、神様の波動がちょっぴり濃い、というだけで、「魔」から守ってもらえるパワーに差があるわけではありません。購入したおふだでも十分、その波動は入っています。

買う前に神様に購入することを報告しておくのもおふだを強めるひとつの方法です。濃い波動を入れて下さい、と言っておけば、祈祷をしなくてもそのようにしてくれます。

## 飾り方

神棚に入れるおふだについては別の著書（『神社仏閣 パワースポットで神さまとコンタクトしてきました』『神様が教えてくれた縁結びのはなし』）に詳しく書いていますので、本書では神棚に入れないおふだについて書きます。

神棚に入れないおふだは「神社の窓口」ではなく、神様がおふだにじかに宿ることもありません（逆に言えば、神棚に祀ると神社の窓口となり、神様が宿ってくれる可能性もあるということです）。

おふだは前述したように、濃く強い波動が入っている強力なお守りです。おふだを家の中に1枚置いておく……それはつまり、神様の波動を家の中に置くということです。波動は1年間、消えることなく存在していますから、浴び続けることによってよい影響があります。毎日波動に接することでその波動の効能を得られるのです。

おふだは必ず立てて置きます。その際に押しピンをおふだに刺して壁などに固定するのはNGです。おふだ自体を傷つけること……押しピンを刺す、穴を開けて紐を通す、ピンチやクリップなどで挟んで固定するなど、そのようなことは避けます。

カバーをするのもよくないです。たとえば、ラップやビニール袋で〝くるむ〟などです。おふだは汚れても波動に影響はありません。汚れたら守る力が低下するように思われるかもしれませんが、そこは気にしなくても大丈夫なのです。カバーをすると波動を封印した形になるのでおふだを置く意味がなくなってしまいます。

置く場所がないので壁に飾りたいという場合、透明の袋に入れるのはアリです。ただし、押しピンは袋だけに刺して、袋には何ヶ所か穴を開けておきます。

おふだ立てというものが売られているようですから、それに立てるのもいいと思います。

倒れる心配がないので、便利かもしれません。ちなみに私は家のあちこちに立てかけて置いています。

## おふだを置く場所

おふだが3枚ある場合、神棚にお祀りするのであれば、おふだがその家に来た順番で場所が決まります。神様に実際に家に来てもらいたい、神棚に宿ってもらいたいというお宅は祀る位置に気をつけます。神様が鎮座する位置は重要だからです。

うちの神棚は神社の窓口でかまいません、というお宅は3枚の位置関係に悩む必要はなく、好きなように祀っても問題ないです。

神棚に入れない場合も同じです。神棚に入れないおふだはお守りの強力バージョンですから、位置は関係ないのです。3枚あるとしても、中央をどのおふだにするのかは自由ですし、そもそも3枚を並べなくてもいいのです。家のあちこちにバラバラに置くのも悪くありません。

高さについて言えば、その神社の眷属に見まわりに来てもらいたい、来てもらった時に少しでも長く滞在してもらいたいという場合は、人間の息がかからないように、口の高さより上に置きます（理想は目の高さよりも上です）。

波動の効果をもらうだけだったら高さは気にしなくても大丈夫です。ただし、床に直接置くのはおすすめできません。本1冊でもいいので、台座となるものを下に敷きます。

東西南北の方角に関してはまったく気にする必要はありません。神棚の下とか、神棚や仏壇と向かい合わせになるということも気にしなくても大丈夫です。

縁起物と並べて置くのはおすすめです。その一角がますます明るくにぎやかになって、運を呼び込みやすくなります。

## おふだのお世話

重ねて言いますが、神棚に入れないおふだは強力バージョンのお守りです。〝お守り〟ですから、お水をお供えしたり、食べ物をお供えするのはよくないです。たとえ見まわりで眷属が来ていても、お供え物は必要ありません。おふだにお世話をしないのは基本中の基本なのです。

おふだに祝詞を唱えるという人がいるかもしれませんが、こちらは問題ありません。でも、おふだは〝強力なお守り〟ですから、祝詞を唱えてもおふだが聞いているわけではなく、それにより何かよい効果があるということも残念ながらありません（神棚に入れたおふだだったら、窓口として神社に届きますから、こちらはよい効果があります）。

おふだに願掛けをしてもいいのでしょうか？　という質問をもらったこともあります。神棚に入れていれば神社の窓口ですから、声は神社まで届きます。しかし、神棚に入れないおふだは、願掛けをしても波動に願掛けをすることになります。それはちょっと違うということはおわかりいただけるかと思います。

## 複数枚のおふだ

この本の取材であちこちの神社に行くたびにおふだを購入しました。すると、あっという間にかなりの枚数がたまりました。こうなると困るのが置き場所です。

おふだは基本、〝空間に出しておくもの〟ですから、コレクションケースやキャビネットなど、扉がついているものの中に入れる、引き出しにしまうのは違います。

おふだは重ねてもかまいませんが、大きく作用を受けたい神社のものは重ねないほうがいいです。重ねているおふだはパワーや効果を主張することなく、その他大勢としてひっそりと存在することになり、波動を利用する観点からいうと、もったいない置き方だからです。

あまりにも枚数が多くなったら、何枚かお返しすることもアリです。お返しは、神社の古《こ》札納所《さつおさめしょ》に持っていきます。購入した神社でなくてもかまいません。波動が消える1年後や年末まで待たなければいけないということはありませんし、「なんだか自分と波動が合わないような気がする」と思えば、購入したばかりでもお返ししていいのです。

買って間もないのに古札納所に持っていくのは悪い気がする……という気遣いもいらないです。人間には信仰の自由がありますから、自分と合わないと思えばお返しして、違う神社で新しくもらってきます。こうして気分よくすごすのは悪いことではありません。

せっかく購入したおふだ、せっかく集めたおふだを減らす……それって運気が下がるのでは？　と思われるかもしれませんが、おふだの〝数〟と運気は関係がありません。そもそもおふだは縁起物ではないので、たくさん集めたからといって運気アップにつながることはないのです。

運が上がる方向にいくというおふだはありますが、それはその波動を持ったおふだを1枚置けば効果があります。運が上がるのなら、と同じおふだを何枚も置いたからといって、波動から受ける影響が濃くなるわけではないのですね。

私が実際におふだをたくさん飾ってみてわかったのは、パワーある神様のおふだは10枚が限度、ということです。強烈なパワーを持つおふだを11枚飾ってみたところ、家の空間が「圧」でみっちりした感じになり、さらに作用が交差して大変、という状態になりました。「うわ〜、なんだか強すぎるぅ〜！」という、もちろん体調が悪くなることはないのですが、のんびりできない、ゆったりとくつろげない、そのような空間になりました。

そこで1枚減らしてみたら、すっきりと落ち着きました。10枚を同じ部屋に置くのではなく、リビングと寝室に5枚ずつ分けて飾っていますが、それでも家の空間がいっぱいいっぱいです（我が家より、もっと広いお宅でも枚数は同じです。3次元の面積に比例しているわけではなく、空間の話だからです）。

我が家には期限が残っているおふだもたくさんあるので、お返しするまでは買った時の封筒のような紙袋に入れ、「封をして」保管しています。重ねて置くだけだと波動が漏れてくるからです。10枚以上飾っても、悪いことが起こるわけではありません。ですから、かまわないと言えばそうなのですが……長くその空間にいたら疲れるように思います。いくらよい波動でも強すぎるからです。

第2章でご紹介しますが、神様によって波動からもらえる効果が違います。作用が違うおふだの波動を有効に浴びるためには、10枚を限度（神棚に祀っているおふだは別ですから、カウントしません）とすることをおすすめします。もちろん、それ以上多く飾るのもいいと思いますが、その理由が運気を上げるためだったら、たくさん集めたほうがいいのは縁起物です。

## 購入してから家に持って帰るまで

神社でおふだを購入し、家に持って帰るまでですが、〝眷属に見まわりに来てほしい〟〝来てもらった時は家の中にしばらくいてもらいたい〟という方は、下に置かないように気をつけます。たとえば、購入したおふだをリュックに入れたら、そのリュックをうっかり地べたや床に置くのを避けます。家に来てくれた眷属に長くいてもらうためには、おふだに宿ってもらわなければなりませんから、買った時から注意して運びます。

眷属の見まわりは必要なく、おふだは強力バージョンのお守りで十分、波動からよい影響を受けるだけでもありがたい、という方は、おふだが入ったバッグを床に置いても問題ありません。波動がそれで変化することはないからです。

京都にある晴明《せいめい》神社のおふだは、持ったまま他の神社に行かないほうがいいです。晴明さんは「魔」のほうにも力が使えますから、そのような波動を持っています。その波動をいくらよいほうに使用していても、他の神社では「魔」として認識されます。よって、波動は消されてしまい上書きされます。ただ、最近の晴明さんは今までと違って、神々しい方面の力も大きく使えるようになっています。ですから、おふだを買う時に、「神々しいほうのパワーだけを入れて下さい」と本人にお願いをすれば、そちらの力だけを入れてくれます。そうすれば、そのあとで他の神社に参拝しても、上書きされずにすみます。

牛頭《ごず》天王のおふだは他の神社に持っていっても上書きされることはありません。牛頭天王の波動は晴明さんの波動と似ているところがありますが、同じではないのです。

牛頭天王は晴明さんよりも、もっと神様寄りの存在であり、神格が高いためです。「魔」の力を使えますが、牛頭天王の波動は「魔」の色を帯びておりません。よって、上書きされることはないというわけです。

いくつかの神社のおふだやお守りを全部一緒にバッグに入れて持ち歩く……つまり、京都などに行っていくつかの神社を参拝し、どの神社でもおふだやお守りを買った場合ですが、こちらはまったく問題ありません（購入した時に限っての話です。外出する時にお守りをいくつも持つのは避けたほうがいいです）。購入したばかりのおふだやお守りは紙袋に入っていることと、他のおふだやお守りを上書きできるほどのパワーがありませんから大丈夫です。

## 引っ越しをする際の取り扱い方

神棚に入れているおふだはいろいろと面倒ですが、神棚に入れていないおふだは、新品未使用のハンカチにくるんで運びます。これが一番丁寧な扱い方ですが、そこまでしなくても引っ越し屋さんがくれる食器を包む紙でくるんでも問題ありません。

紙をくれない引っ越し屋さんだったら、半紙でくるんでも、おふだがすっぽり入る封筒でも大丈夫です。ビニール袋のような透明なものに入れるのは、目隠しになりませんからNGです。

こうして紙や布でくるんだおふだは、引っ越しの段ボールに入れたりせず、自分で運びます。ハンドバッグやリュックなど手に持つ荷物に入れ、地面をゴロゴロと転がすスーツケースには入れないようにします。

こうして転居先まで持っていき、家に入る直前にくるんでいたものから出します。神棚のおふだ（お鏡）の場合は、一家の主、または男の人が手に持って一番に家の中に入りますが、神棚に入れていないおふだは誰が持って入ってもかまいません。ポイントは荷物よりも先に家に入れる、ということです。引っ越し当日はおふだが一番に新居に入るようにします。

おふだを入れてから窓を開けて空気を入れ替え、万が一、良くないものがいたとしても、おふだの波動でその窓から出ていってもらいます。新鮮な風が通り抜ければ、それでスッキリ、家の空間が爽やかになります。それから荷物を搬入します。

「おふだが３枚あるんです」「５枚あるんです」というお宅も、最初に入れるおふだは１枚だけにします。一緒くたにしてまとめて持って入るのではなく、１社だけの波動を先に入れたほうが効果があるからです。そのおふだは「自分が好きな神様」でも、自分が思う「一番強そうな神様」でも、どちらでもオーケーです。

家の中に一番に入れる波動は引っ越し先の氏神様にしないといけないのでは？　と思うかもしれませんが、氏神様とは合う・合わないという相性の問題が大きいので、信仰するかどうかは慎重にされたほうがいいです。

信仰しない人に対して氏神様が「ワシが守る地域に引っ越してきたのに、挨拶にも来ないのか！」と怒ったりすることは絶対にありません。人間には信仰の自由があるということを知っているからです。

私はけっこう長く生きていますが、氏神様に参拝していたのは、２回目の離婚後に住んでいた地域だけです。氏子地域に住んでいるから参拝していたのではなく、その氏神様と相性がいいから、好きだから、時々お参りをしていました。

東京に引っ越してからはその土地の氏神様に行っていませんし、そもそもどの神社が氏神様なのか知らないのです。でも、なんの障《さわ》りもありません。叱られたりなどもないです。

引っ越し先の初めて行く氏神様のおふだよりも、自分が好きな神様や、パワーの強い神様のおふだのほうが効果が大きいので、遠慮をしたり気を遣ったりしなくてもいいのです。どの神様の波動を一番に家に入れるのかは、自分の判断で問題ありません。

もしも、私が次に引っ越しをする部屋の土地がよくない、となったら、強い神様の波動で部屋を浄化してから住みます。その場合、「熊野本宮の神様にお願いしたい」と思えば、和歌山までおふだを買いに行きますし、出雲大社の神様に祓《はら》ってもらいたいと思えば、島根まで行きます。

つまり、住む地域と、波動で浄化する神社がある地域は一致しなくてもいいのです。考慮すべき点は、「神様の力の強さ」と、自分がその神様を「好きかどうか」という、言ってみれば相性です。

おふだを家に入れるのは引っ越し当日です。鍵をもらって部屋を見に行く、部屋の寸法を測りに行く、引っ越し前に掃除をしに行く、小さな荷物をちょこちょこ運び入れる、という日ではありません。鍵をもらった日（家賃発生日）でもないのです。すべての家財道具を搬入する日、その夜からそこに寝る日です。この日におふだを家の中に入れます。

新居には今あるおふだではなく、新しいものにしたい、というのもまったく問題ありません。今あるおふだと同じ神社の新品でも、違う神社のおふだでも、どちらでもオーケーです。今あるおふだでも1年を過ぎていなければ、まだまだ十分波動を放出していますから、それを持っていってもいいと思います。引っ越し（移動）をしたからといって、おふだの効力が弱まることはありません。

## 薄紙

「おふだの薄紙は、はがすのでしょうか？」という質問が時々届いていたので、ブログで写真つき記事にして説明をしたことがあります。

神社によって、薄紙が巻かれているおふだと、巻かれていないおふだがあります。薄紙が巻かれているおふだは家の中に祀られるまでの間、汚れたりしないように巻かれています。これは包装紙のようなものですから、はずすべきもの、です。

ちょっと難しいのは、巻いてあるその紙が包装紙なのか、おふだ自体のものなのか、という区別がつきにくいところです。包装紙的な薄紙はくるりと〝周囲〟を巻いてあるだけです。

てっぺんと下の部分に薄紙はありません。おふだ自体の紙はてっぺんも下もぐるりとすべてを覆っています。

包装紙的な薄紙をはがすと〝見た目〟の神々しさが減ります。というのは、書かれている文字がくっきり表に出てくるからです。薄紙でくるんであれば、黒々とした文字ではなく、ほんのりとした感じで見えるので、なんとなく神々しく映ります。

ほわんとした感じのおふだのまま飾りたいという場合、薄紙をつけたままでも波動は受け取れます。このままのほうがいいという方はそのまま飾っても悪くはないと思います。

しかし……せっかくのおふだです。薄紙をはずして、パワーを前面に出したほうがいいです。おふだ全体から放出される波動をガッツリ浴びるには、包装紙である薄紙ははずすことがおすすめです。

## 波動の期限ともらったおふだ

おふだの期限は1年です。1年たったらお返しして、波動が濃い新しいおふだを購入します。

おふだはゴミとして捨ててはいけないので、神社(購入した神社でなくてもオーケーです)の古札納所に持っていきます。1年を過ぎたからといって悪いものに変化するわけではありませんから、あわてて持っていかなくても大丈夫です。

人に買ってきてもらう、また、人におふだをプレゼントすることも、なんの問題もありません。お土産としてもらったものでも効果があります。お守りもそうです。

ただ、代理参拝の場合のみ、人のためにおふだやお守りを買うのはやめておきます。代理参拝というのは、たとえば父親が病気で参拝できないとなった時に、自分が父親の代わりに神社に行くことです。代理で神様にお願いをしに行くわけですから、他の人（自分も含みます）の分までごりやくや恩恵をもらうのはちょっと違うのです（買ってもいいのは父親のおふだやお守りだけです）。

おふだもお守りも波動です。海外に持っていっても効力を発揮します。海外留学をするお子さんに持たせても1年はしっかりと波動の効果がもらえます。

## お寺のおふだとの位置関係

神社のおふだとお寺のおふだ（護符ではなくおふだです）を並べて置くのは避けます。

私はこの本の取材でお寺でもおふだを購入しました。検証のために2枚を並べてみようと思ったのですが……明らかに放出している波動の〝世界〟が違うのでやめました。並べて置くのはよくありません。

同じ部屋に置くことは問題ないのですが、立てかける壁は同じ面にしないほうがいいです。違う方向を向くようにします。

たとえ1メートル、いや2メートル離したとしても、同じ壁に立てかけるのNGです。1枚をテレビの後ろの壁に、もう1枚をテレビの横の壁に立てかける……これは壁の面が違うのでかまいません。その距離が30センチしかなかったとしても、別の面に立てかけているので大丈夫というわけです。

## おふだと穢れ

神棚は忌中のあいだ、半紙などで目隠しをします。これは神棚に入っている神様が嫌がるから、という理由です。神棚が神社の窓口の場合も、神社とつながっていますから、目隠しをしなかったら「喪」を神社に流してしまうことになります。なので、半紙などで覆い隠すことが必須なのです。

しかし、神棚に祀っていないおふだには神様が宿っていませんし、神社の窓口でもないため、隠す必要がありません。「喪」が明けたら、おふだを買い替えたほうがいいのでしょうか？　という質問をもらったことがありますが、それもしなくても大丈夫です。

ただ、新たに飾る時は「喪」の期間は避けたほうがいいです。喪中なのに自分で神社に行って購入することはないでしょうから、人からおふだをもらう場合です。自分が喪中だったら、買ってきた人に保管してもらって、喪が明けてから受け取るようにします。

「喪」がついた手でおふだを新たに飾るのはよいこととは言えないからです。喪が明けてスッキリしてからおふだをもらい、「喪」のついていない手で飾ります。

ちなみに私がいう「喪」とは、親・配偶者・子どもが亡くなった場合は、ご遺体と接した翌日から数えて49日間、それ以外の親族は33日間です。この期間を過ぎれば、神様や眷属に嫌な思いをさせることがないので、神社に参拝もできます。

生理中におふだを購入する、飾ることは、なんの問題もありません（神棚に祀らない場合です）。

## おふだの効果

おふだを家に置いておくと、おふだの効果といいますか、人間によい影響があります。何もしなくても、ただおふだを置いておく……それだけで、ありがたい効果が得られるのです

（神棚に祀らない場合です）。

その効果には種類があって、どの神様にもらう波動なのかで違ってきます。天満宮の神様と八幡宮のほとんどの神様は、もとが人間だったという点で同じなのですが、波動は同じではありません。でも、八幡宮だったら、全国どこの八幡宮でも、宇佐神宮から派遣された神様であればほぼ一緒なのです。

天満宮もそうです。他の神様とは違う波動ですが、太宰府天満宮、または北野天満宮から派遣された神様だったら日本全国どこの天満宮でも波動は一緒です。

ですから、おふだをもらってくる神社がどの神社の系統なのかによって、もらえるよい影響が違ってくるというわけです。

ここでしっかり理解をしておかなければいけないことは、おふだからもらえるよい効果は「願掛け」とは関係がない、ということです。神社で縁結びをお願いして、おふだを購入した、そのおふだを飾っておけば縁結びが叶うのかといえば、そうではないのです。

縁結びをお願いした神様の波動が健康長寿によい効果がある波動だったら、おふだを置くことで体の調子がよくなります。こちらが願っていることに対応しているのではなくて、「おふだ自体が持つ波動」の作用なのです。

体調をよくする波動を持ったおふだを置いておくと、体調が少しずつよくなっていきます。

でも、おふだを置いたからといって、病気がただちに治るわけではありません。病気を治してほしい時は「願掛け」で、神様に正式にお願いをし、叶えてもらいます。

## おふだを利用して人生を変化させる

おふだを、いつもの神社と違うものにしてみる……これは自分の生活を変化させるひとつの方法です。

いつもお世話になっている神社の神様はもちろん大事です。でも、「ちょっと人生を変化させてみたい」という時は、家の中に置く高波動を変えると、それが影響します。

出雲大社のおふだと、神田明神のおふだは、なんとなくでも影響が違うことがおわかりいただけるのではないかと思います。〝たとえば〟ですが、出雲大社のおふだを飾っていた時は、時間に余裕があって趣味を楽しむ日々だったけれど、神田明神のおふだに変えたら、仕事の能力を評価される方向に人生が進み、忙しく働く日々になった……という変化が起こったりします。

出雲大社のおふだの時は、おひとりさまをエンジョイしていたけれど、おふだを神田明神に変えたら、友人や仲間と出かけることが多くなった、という変化かもしれません。

最近、日々がマンネリ化しているな～、と思ったら、おふだを変えてみるといいです。ただし、いただく効果は波動の影響ですから、直ちに大きく変化をするのではなく、それなりに時間はかかります（人によって時間の長さは違います）。

気になる神社、新たに好きになった神社があれば、1年だけそこのおふだのお世話になってみるというのもアリです。

神棚があるお宅は、神棚とは別に、波動の効果をもらうためのおふだを部屋に置くのもいいです。神棚と同じ神社のものでも、別の神社のものでもかまいません。波動の効果がほしいおふだを部屋に置いて、毎日波動を浴びていると徐々によい方向に変わっていきます。

次章では、どの系統のおふだが、どのような波動を放っているのか、ということをご紹介します。ここに載せている神社だけの効果ではなく、同じ系統だったら全国どこの神社でも波動の効果は同じです。

生活を、または自分をちょっと変化させてみようと思っている方は、よかったら参考になさって下さい。

# 第2章

# 神社別おふだの効果

# 秋葉系の神社

## 【秋葉山本宮秋葉神社 上社】

静岡県浜松市天竜区春野町領家841

山道を車で登っていきます。奈良の玉置《たまき》神社（私個人の熊野三山のひとつですが、住所は奈良県になります）がある玉置山の道とよく似ています。くねくねと細い道を走るのですが、こちらのほうが道幅がちょっとだけ広いところがあるため、後半は登りやすいです。けれど、「え？　まだ？」というくらい登ります。

私が参拝した日はお天気の影響で中腹を越えたあたりから濃霧になり、フロントガラスの向こうが真っ白でした。時折、前に進めない、進むと非常に危険というほどの白い闇になったので、停止したり徐行をしたりしてやっと到着しました。

駐車場に着いても霧は晴れず、幻想的な白い世界がそこにありました。異次元空間にいるような、なんともいえない現実感の薄さがあってこれはこれでよかったです。

一の鳥居をくぐるとすぐに本殿や拝殿があるのかと思ったら……違っていました。駐車場からも登ります。山道を登るのとは違って大理石っぽい造りの石の階段ですから、安全に登れます。しかし、しんどいことに変わりはなく、「まだ？」「まだ登るん？」とツッコミながら歩きました。

しかも、この日はけっこうザバザバと雨が降っていたのです。これが土の道だったら、少しだけかもしれませんが、地面が水を吸うと思います。石の階段は一切水を吸いませんから、階段の上から大量の水が流れてきていました。靴がずぶ濡れになるので、激しい雨の日は長靴がおすすめです。

本殿まで意外と長い道のりです。途中に金色の鳥居があって、その鳥居に輪くぐりの輪っかがつけられていました。そこをくぐって本殿へと行きます。

秋葉神社は〝火防《ひぶせ》〟にごりやくがある、となっていますが、神様は山岳系でした。秋葉神社って山岳系神様だったんだ〜と、驚きました。というのは、群馬県の榛名《はるな》神社の参道脇にある小さなお社には、超古代の服を着たおじいさん姿の神様がいたからです。秋葉神社と書かれた鳥居をくぐって行った先にあるお社です。その印象が強いため、同じような神様が鎮座しているのかと思っていました（榛名神社の詳細は『神社仏閣は宝の山』という本に書いていています）。


本殿で神様とお話をしてみると、チャキチャキの江戸っ子という印象を受けました。竹を割ったような、非常にサッパリ、サバサバした神様なのです。

「山岳系の神様でいらっしゃいますよね？」

「うむ」

「神様は山岳系なのに、どうしてごりやくが火防なのでしょう？」

「ん？」

その理由を知らないのか？　みたいな反応です。

「？」

「火を消す（鎮火する）のは、強い力がなければできないが？」

「えっ？　そうなんですか！」

詳しくお聞きすると、規模が小さくてそんなに強くない神様だと、火事のような大きな火は消せないそうです。火は、火自体が強烈なパワーです。すべてを焼き尽くします。見えない世界ではよくないものを焼くだけでなく、そのパワーで祓ったり、浄化したりもします。

火事となって大きく燃えている火はパワーも増大しており、それを鎮火するにはパワーを使わなければ消せません。つまり、火をしのぐパワーを持たない神様はパワー負けしてしまって、消せないのです。

「山の神（山岳系神様）だから……火防にしたようだ（パワーがあるからという意味です）」

「なるほど！　納得です！　ということは、たとえば人間が修行してなった神様とか、小さな地域を守る神様には消せないのですね」

「難しいだろう」

ぼや程度だったら消せるそうですが、延焼して何軒も激しく燃えているような火事は無理だそうです。パワーの塊である火、それが広範囲に広がっているのを消すことができる、また、防げるのは、山岳系神様ほどの力を持っていなければできないとのことです。

「榛名神社の境内に秋葉神社の入口がありました。入ってすぐのところには超古代の白い服を着た、おじいさん姿の神様がいらっしゃいました」

「ああ」

「仙人みたいなおじいさんだったんですけど……」

「この神だろう？」

秋葉の神様はそう言って、一瞬でそのおじいさん神様を連れてきてくれました。

「あっ！　そうそうそう！　この神様です。お久しぶりです！　あの時は背中を撫でて下さってありがとうございました！」

おじいさん神様はニコニコと笑顔です。秋葉の神様は山岳系ですが、この神様はもとが人間に見えます。そこを質問しようとしたら、

「この神は人間だった」

と教えてくれました。生前に秋葉山で修行をしていたそうです。その当時の宗教（神道や仏教ができる前です）のリーダーだったらしく、今で言えばお坊さんや神職さんのような人物だったとのことです。

神様修行も秋葉山でしているので、波動は秋葉の神様と同じですが、もとが人間なので秋葉の神様ほどのパワーはありませんし、そこまで強くないです。現在はご祭神として、榛名神社の近くにある秋葉神社にいるとのことです。

おじいさん神様がいたお社の場所は榛名神社の境内と思えるところですから、てっきり境内社だと思っていたのですが……違うのですね。昔は山の上のほうにいたらしいのですが、今は私が見たお社（岩に包まれた感じのお社です）に常時いると言っていました。

ここでおふだについて、質問をしました。

おふだは神棚に置けば、神様や眷属が実際に来て鎮座してくれることがありますし、来てくれなくてもその神社とつながった窓口になります。しかし、住んでいるのが賃貸のため神棚が作れないというお宅がありますし、お世話ができないかもしれないので神棚は作らないというお宅もあります。

神棚に入れないおふだはタンスの上や食器棚、パソコンデスクの上などに置くわけですが、そこで強力なお守りになっているだけではありません。おふだから放射される波動は人間によい影響を与えます。秋葉神社の波動にはどのようなよい作用があるのでしょうか……という質問です。

ここで私は、「火防とはどういうことか?」と神様に聞かれました。

「火事を防ぐ、ということです」

「火事はどうして起こるのか?」

「火の不始末、漏電、近所からの延焼……放火というのもあるかもしれません」

「つまり、それはどういうことだ?」

「え? えっと、つまりそれは……自分のうっかりした失敗で火事という災害を起こしてしまう。もしくは、家電製品の不具合や近所の人の失敗で、罪のない自分に災難が降りかかってくる。悪意のある人からの攻撃で火事になる、ということです」

「そうだ」

「あっ! わかりました! 神様のごりやくは、自分のうっかりミスで大失敗しないように守る、他人のミスが降りかかってこないように、また他人のミスを押しつけられたりしないように守る、悪意のある人から攻撃されないように守る……です! それが火防を別の角度から見たごりやくです」

「うむ」

昔の日本は、木と紙でできたような家ばかりだったので燃えやすく、火防は重要でした。秋葉の神様は長い間、このごりやくを与えてきた神様です。火防は「火」のみにしか働かないというわけではなく、自分のうっかりミスや、人から降りかかってくる災難、悪意を避ける、という効果もあったのです。おふだの波動にはこのパワーが入っているそうです。

現代でいえば、おふだの効果が一番発揮されるのは仕事運です。秋葉神社のおふだを部屋に飾っておくと、大きなミスをしない、人の失敗を押しつけられない、意地悪なことをされないという効果があって、それにより仕事運がアップします。

ここは駐車場からの参道が長い神社です。私は何度も振り返って周囲の写真を撮っており、後ろから誰も来ていないことを知っていました。雨だったし、私ひとりだけの空間でした。

本殿で祝詞を唱えていたら、後ろからザッザッザッと誰かが２人、歩いてくる音がしました。けっこう大きな足音です。あ、誰か来たんだな、と思いましたが、私は手を合わせるところの端っこに立っています。ですから、真ん中はガラ空きで、２人並んでそこで参拝ができるはずです。なので、そのまま祝詞を続けました。

すると、おばちゃん（目をつぶって祝詞を唱えているので見てはいません。声の感じからおばちゃんだと思いました）が、ちょっと高い声で「なんとかかんとか！」と言ったのです。内容までは聞き取れませんでしたが、声からすると60歳くらいのおばちゃんだな、と思いました。

すると、そのあとで小さな子どもがパパパーッと走っていく音がしたのです。孫をつれた若いおばあちゃんかな？　という印象です。子どもは一旦去って、またパパパーッと足音をたてて戻ってきました。おばちゃんは私の横に来てから、まったく動いていません。

そこで祝詞を唱え終えたので、目を開けると……誰もいないのです……。

あれ？　参拝を終えて音をたてずに帰ったのかな？　と、わざわざ石段の下を見にいきましたが……石段下のエリアにも誰もいません。というか、短い時間でそこまで移動をするのは無理です。足音がして誰かが来たのは確実ですし、おばちゃんが何かを言っていたのも、人間がしゃべるような感じで、普通に3次元の音でした。

神様にこの件を聞くと、眷属の天狗だと言います。

山岳系神様に天狗の眷属がいるのは定番ですし、なるほどと思ったのですが、「ん？」と引っかかりました。あの高い声の……おばちゃん（いや、見てはいないのです。声だけの判断です）が天狗？　と疑問が湧きました。

「そうだ」

「えええーっ！」

天狗のおばちゃん……と想像ができない私が固まっていると、神様は愉快そうに笑いながらこう言います。

「天狗は男の姿をして、みなが若いと思っていないか？」

「ええ、そう思っています」

違うそうです。

「いろんな天狗がいるぞ」

「あっ！　そういえば私、肌色の天狗を見たことがあります！」

「そうか」

そこで神様は、なぜかうなずくような感じで笑っていました（この数日後に私がその天狗に会うことを知っていたからです）。

「おばちゃんの声で話す天狗もいるぞ」

神様は楽しそうに大笑いです。そのうちもっと種類の違う天狗にも会うだろう、と言います。

種類が違う天狗はほとんど表に出てきません。いろいろな事情があるようですが、存在数が極端に少ないという理由もあります。見えない世界に慣れて、複雑なことも理解ができるようになった頃にポツリポツリと出現してくれるみたいです。

「でも、本当にハッキリしたおばちゃんの声でした。あの声を天狗が出すとは……」

信じられない気持ちを正直に言うと、神様は大爆笑です。小さな足音ももちろん子どもではなく、小さな眷属だと教えてくれました。

好奇心旺盛な天狗と眷属が私を見に、さらにちょっとからかいに、そばまで来たそうです。

「ああ、こいつか、識子ってやつは」みたいな感じだそうです。


秋葉神社のおふだには、災厄を自分でうっかり作らない、人からもらわない、どこかから降りかかってこない、という波動の効果があります。おふだの波動を毎日浴びることによる影響ですから、願掛けが叶うほどの強力なパワーではありません。人生がそのような方向に動く、というものです。

秋葉の神様は山岳系でサッパリした性質でした。会話中に私もけっこう本気で笑いましたし、神様も笑っていました。会話が面白くて、楽しい神様でもあり、笑いによって癒やしもくれます。

## 【秋葉神社】

### 静岡県浜松市中区三組町39

永禄13年、徳川家康公が浜松城入城時に勧請したという歴史のある神社です。武田勝頼公が戦に負けて武田家が滅亡し、その家臣たちが家康公に忠誠を誓う際に作った起請文が奉納された神社でもあります。

実際に行ってみると、現在の規模は氏神様クラスですが、住宅地にどっしりと存在しているような重厚感のある神社で、秋葉系の神様がおられます。

ここの神様は、「人から」「火の粉」が飛んでこないように守る、と言っていました。「火の粉」とは、火事になる本物の小さな火片と、災厄のことを言っていますから、他人から被《こうむ》ることがないように守ってくれます。

人間の私たちは、火事と災難は別物だと思っていますが、向こうからやってくる突然の不幸という意味では同じなのです。特にここの神様は「他人」から降りかかってくる不幸から守ることがお得意だそうです。

# 秋葉系神社

## 波動の効果

・災難が降りかかってこない
・大きな失敗となるミスをしない
・火事にならない

人の悪意で大事な人生が狂うのは困ります。防げるものなら防ぎたいと私も思います。そのお願いを専門に聞いてくれる神様です。波動にもそのパワーが入っています。

どこからか火の粉が飛んできて災いになるのを防ぐ……これが秋葉系神社の特徴なのです。

ここの神様は山岳系ではありませんが、おっとりと優しく地域の人々を大切に守っています。

# 八幡宮系の神社

## 【伊賀八幡宮】

**愛知県岡崎市伊賀町東郷中86**

随神門の前に蓮池があり、その池に石の太鼓橋がかかっています。大きな石灯籠もそこにあって、「ほ〜」と見とれてしまう凝った造りの神社です。特別な神社なのかな、という印象を持ちました。

由緒ある神社のようですが、随神門をくぐると目の前に玉垣があって、そこから先へ行けません。拝殿に近寄れないのです。玉垣が拝殿とこちら側を隔てていますから、拝殿からかなり離れたところで手を合わせるようになっています。

というわけで、歩きまわれる場所が狭くて……さらに授与所から丸見えなので、長くいることができませんでした。私はおばちゃんですが小心者なのです（泣）。

でも、せっかく参拝したので、なんとかおふだのことについて聞く時間だけは確保しました。

八幡宮の神様は、すべての神様がそうではありませんが、もともと人間です。その人間だったという波動がおふだに入っています。

もとから神様と違って、人間が神様になるわけですから、厳しい修行を頑張ってこられています。ものすごい努力家なのです。その努力は並大抵のことではないと言っていました。

そうだろうな～、と納得したのは、私の祖母がその努力を持続できなかったからです。人間から神様になられた方は相当な……想像以上の精進をされています。真面目な神様であり、コツコツタイプの努力家、それが八幡宮の神様なのです。

八幡宮のおふだにはこの波動が入っているそうです。

もとが人間だから、人間関係の修復とか、周囲の人々と円満にやっていくことに強いのかと思っていたのですが、違うのですね。

波動を浴び続ければ、コツコツ頑張って何かを成し遂げる、しんどい努力なのに継続できる、そのような効果が現れてくるそうです。

## 【都野神社】

**新潟県長岡市与板町与板乙６０４４**

こちらの神社の神様は「宗像三女神」とのことですが、宗像から来た神様ではありません。八幡宮です。大分県にある宇佐神宮で修行をした、男性の神様が来られています。そんなに高齢には見えず、30代後半～40代前半といったところでしょうか。

宇佐神宮から来られているということで、八幡宮のおふだについて聞きました。

この神様が言うには、勧請をされて宇佐神宮から派遣された神様は、宇佐神宮で修行をして神様になった方ばかりだそうです。そしてその修行は楽ではないし、簡単でもない、とのことです。

しんどくて厳しい修行なのだろうな……と思っていたら、神様方はその修行をやっている間、「神になって人間を救うぞ！」と明るく思っている、と言います。「苦しんでいる人に手を差し伸べる神になろう」「困っている人に寄り添う神になろう」と希望に燃えていて、それで自分を励ますらしいです。

そのような気持ちで修行を続けた、その神様の波動が入っています。波動を浴びる効果は「前向きに努力ができるようになる」だそうです。

八幡宮の神様は全員がポジティブに前向きで、後ろ向きになったりしません。さらに崇高な気持ちを持って修行に励んでこられていて、神様になった今もその姿勢は変わっていないのです。

その波動をずっと浴びることによって、前を向いて歩んでいこう、という気持ちになれるそうです。気力がない人や、元気がない人、心が疲れている人には頼りになる神様です。

この日、神社は閑散としていました。

「せっかく宇佐神宮からはるばる来られて、来られた当時は参拝者も多かったのでしょうが、今のこの状況はいかがですか？」

とお聞きすると、

「一途に信仰してくれる人もいる」

と、やわらかい口調で答えが返ってきました。

参拝者が増えるとそれはそれで嬉しいそうですが、厚い信仰心を持って通ってくれる人がいるだけでもいいそうです。今日はたまたま静かだが、いつもはこうではないとも言っていました。

神様は大勢の人に参拝されるよりも、ピュアな信仰心を持つ人のほうを大切に思われているのです。そのお気持ちがストレートに伝わってきました。たくさんの人が参拝に来なくても、そのような人がせっせと通うだけで十分だという、心に響くお言葉をもらって神社をあとにしました。

## 【大《だい》宝《ほう》八幡宮】

**茨城県下妻市大宝667**

大きな鳥居の手前が駐車場になっていて、そこからスカーッと一直線の参道が拝殿に通じています。鳥居をくぐると随身門があり、その向こうには参道の両脇に、狛犬像がずら～っと並んでいます。左右7～8体ずつくらい置かれていたと思いますが、それがなんとも言えない特別感を醸し出していました。

この光景は……どこかで見たことがある……と、そこで思い出したのが、エジプトのカルナック神殿です。牡羊の顔をしたスフィンクスが、門の手前の左右にずら～っと並んでいました。あの古代特有の神聖な雰囲気と似ているのです。

狛犬に宿った眷属たちが守りを固めているようで、そのカッコよさに参拝するほうはウキウキします。普通の神社だったら一対しか置かれていない狛犬が、ずら～っと並んでいるのは、自分が特別に歓迎されて、お出迎えしてもらっているような気分にもなるのです。

「この並んでいる狛犬は楽しいですね」

神様にそう言うと、

「そうか？」

と、にっこりされていました。

ここの拝殿は横に長いという印象です。しめ縄も普通のものより横に長いです。

神様は宇佐神宮から来られていて、京都の石清水八幡宮の神様と似ています。どちらかと言うと、軍神タイプなのです。鳥居を入ったところで「石清水八幡宮と同じ雰囲気だ〜」ということを思いました。宇佐神宮から来られたのだろうな、ということも入口でわかりました（石清水八幡宮の神様は宇佐神宮から行かれているのです）。

「八幡宮のおふだは、八幡宮の神様が努力をして神様になっているので、そのような努力ができるようになる、という効果だとお聞きしました」

ここの神様も同じ効果の話をしてくれて、さらに、「気持ちが沈まないようになる」とも言います。宇佐神宮で修行をした、もとが人間だった神様方は「常に前向きであった」とそこを強調していました。

「神様修行中に悩んだりしないのですか?」

神様は「ん?」みたいな感じで、

「何を悩むことがあるのか?」

と聞き返します。

「えっと……たとえばですね、神様になることは違うんじゃないかとか、神様にはなれないかもしれないとか、やっぱり進路を変えようかなとか、そういうことで悩んだりしないのでしょうか?」

「そのようなことはまったく思わない」

ただひたすら修行をして、神様になるという前向きな気持ちしかないそうです。

「でも、修行はしんどいのですよね?」

修行はやさしくはなく、つらいこともあるそうですが、気持ちはつらくないそうです。つまり、つらいことがあってもそれを心に反映させない、ということです。

「そこまでして神様になったのは、人間をサポートしてあげようとか、人間を思うお気持ちからですか？」

この神様は単純に、純粋に「神になろう」という気持ちで修行をしたそうです。神様になっていろんなことをしてあげよう、助けてあげよう、それは人間に限ったことではなく、動物や植物に対してもそう思ったと言います。

人間は死後に成仏したあと、霊界で働いたとしても、大きな魔法が使えるわけではありません。多くの人々の願掛けを叶えたり、たくさんの動植物や人間を救いたいと思ってもちょっと難しい……と、この神様はそこで悟ったそうです。それで神様になっていろんな方面から手を差し伸べることにしたのだそうです。

八幡宮の神様は努力をしんどいと思わずに前向きにとらえ、コツコツと頑張ることができる……おふだにはその特徴が入っています。


神社に参拝をする時は鳥居から入って、鳥居から出ます。この神社でも普通にそうしようとしたところ、神様に、

「鳥居から出るなよ」

と、驚くことを言われました。

え！　どういう意味なんだろう？　と立ち止まっていたら、続けてこう言います。

「鳥居の横から出なさい」

初めて聞く指示です。

「はぁ……」

一応返事はしましたが、意味がわかりません。すると神様が教えてくれました。

普通の参拝は鳥居から神域に入ります。それから境内で、ご神気や高波動をいっぱいに浴びます。そのよい状態で鳥居から出ます。鳥居から出ることで「参拝はここで終了しました」と、その時点で参拝がピタッと終わるわけです。

境内でいただいたご神気だの高波動だのを、そのまま持って帰ります。イメージとしては、鳥居を出たところで、もらったものを魂の袋に入れて、それを大事に持って帰る、という感じです。

しかし、鳥居から出なかったら、「参拝はここで終了しました」という明確な区切りがありません。境内でいただいているものの作用が続くのです。

境内でガッツリ浴びていたもろもろのよいものは、そのまま継続して作用し続け、それが徐々にすぅ～っと細くなっていきます。そして、やがてつながっていた糸が切れます。

もう少しわかりやすく言うと、境内でもらったよいものは境内とパイプでつながっており、神社から離れていくにつれて、つながっているパイプ部分が少しずつ細くなっていきます。最後は細～～～～～～～～～～～くなって消えます。

実際にやってみたら、けっこう長く作用が続きました。この検証をする時に、

「どこの神社も鳥居の横から出たほうがいいのでしょうか？」

と、質問をすると、

「神による」

という答えが返ってきました。この神様の場合は細～～く長～～く、よい作用が続きます。

神田明神でもやってみましたし、熊野の三社でも検証してみました（ちなみに鳥居は外部との境目である一の鳥居をさしています）。どの神社もたしかに、すぅ～っと静かに作用が消えるまで、境内にいるような感覚でした。

でも、鳥居の横から出ると……鳥居の外から最後のお辞儀をしても、何かこう、ピシッとスッキリ参拝を終えました！　という雰囲気ではないのです。ですから、ここは自分の判断で、「今日は長く波動をまとっていたい」という時は、鳥居の横から出るといいです。

「境内でたくさん恩恵をいただいたから、今日はこれで十分」という時は、「ここで参拝終了です、ありがとうございました！」というピシッとしたご挨拶をする意味で、鳥居から出るといいと思います。

横から出る時は神様に、事前に「今日は鳥居の横から出ます」ということをお伝えします。ここは重要なポイントですので、どうかお忘れになりませんように。

## 八幡宮系神社

努力ができる、頑張れるようになる
↓物事を成しとげる人物になる
・前向きになる

波動の効果

# 天満宮系の神社

## 【岩津天満宮】

**愛知県岡崎市岩津町東山53**

駐車場の前が小高い丘になっています。そこにはたくさんの梅が植えられていました。行ったのは2月の中旬でしたが、暖冬だったせいか七〜八分咲きでした。

ああ、そうか、天満宮といえば梅だった〜、と思い出し、せっかくなので神社のほうへ行く前に梅苑を見せてもらいました。そんなに広くはありませんが、紅白の梅が咲き乱れていて、あたりは良い香りで包まれていました。ほっこりとあたたかい癒やしがいただけます。梅の季節でラッキー♪

と思いました。

拝殿があるエリアにも梅が30本くらい植えられていて（見た感じなので数は正確ではありません）、こちらも七〜八分咲きでした。ここでも芳香が癒やしてくれます。梅の可憐な美しさが目にも優しく、神様に会いに行ってこの恩恵がいただけるのはありがたかったです。

花は満開ちかくになると、パーッと華やかな、「盛りの今が嬉しい！」みたいな「気」を放出します。梅の花をつけている木は美しい装いをしているわけで、「うわーい♪」と喜ぶ感情もあります。そのオーラが満ちている境内ですから、いるだけで元気がもらえました。

皆様もお気づきのように、桜が一番強く「満開ですよ〜」というオーラを出します。今が盛りをアピールするのは、満開となっている花を楽しんで下さいね、というおすそ分け精神なのです。

生花は供養パワーを持っていますから、仏壇にお供えをするとご先祖様にも喜ばれます。

境内に花が植えてある神社は開花時に参拝してみることがおすすめです。神様の波動やご神気以外にも、植物の独特の喜び、満開での花の歓迎など、よいものがいっぱいに満ちているからです。

岩津天満宮は神様に手を合わせなくても行くだけで……満開の梅の波動だけでも運気が上

がるという印象でした。それくらいこの神社の梅（特に境内の梅です）は力を持っています。

拝殿で祝詞を唱えていると、平安時代の服装をした神様が出てこられました。衣冠束帯姿です。天満宮の神様って、やっぱりこのお姿なのだな〜、と思いました。

おふだについて教えて下さいとお願いをすると、

「おふだの何を聞きたいのか？」

と質問をしてくれます。

「神棚ではなく、部屋に天満宮のおふだを置いた時の、波動の効果です」

「ふむ」

ここで私は「先に写真を撮らねば！」と思い、神様との会話を一旦中断して、必死で撮影をしました。私の場合、先に話をしてしまうと、うっかり写真を撮らずに帰ってしまうことがあるためです。

梅が美しい境内ですから、ちょっと芸術的な写真にしてみよう、などと考えて、右から撮ってみたり、左にまわったりして何本もの木を撮影しました。

写真撮りまくって、やっと「ふぅ」と落ち着き、ふと授与所を見ると、中にいる巫女《みこ》さんや神職さんがじーっとこちらを見ています。「そりゃ、気になりますよね〜」と、自分でもそう思いました。

拝殿エリアに来て、梅を1本1本ゆっくり見て、見るだけではなく、くんくんと嗅ぎまくり、その後拝殿で長々と手を合わせ、それからまた梅に近づいて、今度は体をねじりまくってあっちからもこっちからも撮影をしているのです。ついでに言えば、撫で牛として牛の石像があるのですが、それも頭やお尻を撫で撫でしまくっています（笑）。

ものすごーく参拝をエンジョイしている人に見えたのではないでしょうか。恥ずかしかったので、そのまま拝殿エリアから石段を降りました。

すると私の右横に、神様がふっと人間のサイズになって現れ、一緒に歩いてくれました。話が十分にできなかったから「歩きながら話そう」と言ってくれたのです。なんて気さくな、優しい神様なのだろう！　と感激しました。

チラッと横を見ると、黒い漆塗りの木靴をはいています。平安時代の靴です。

神様がこのように、現実界に姿を現して移動する時は、足は地面から浮いています。そのままスーッとすべるように進むのが普通ですが、この神様はなぜか人間のように歩いているのです。

「あの～、神様？　その靴って……歩きにくくないですか？」

他の靴にしたほうがよろしいのでは？　というニュアンスで聞きました。

「ん？　靴は……これしかないが？」

私はこの答えに心底驚きました。神様だからなんでも用意できるはずなのに、この靴しかない……と言うのです。その衣装に合う靴がこれしかないってことかな？　と思いましたが、実に歩きにくそうです。

木靴ですから、ぽっくりぽっくり歩くのです。歩きにくそうだなと思いつつも、ぽっくりぽっくりが心地よい音で、素敵だな～、と改めて木靴を見ました。風情があって上品です。高貴な雰囲気もあり、平安時代の男性はこういうふうに歩いていたのだなと思いました。

あ、でも、坂を下る時は本気で「歩きにくそう……」と思いました。神様ですから絶対に転んだりしないので、そこは心配いらないのですが、気になりました。

神様に、八幡宮の神様の波動は人間にこのような作用があるそうです、という報告を先にしました。そのあとで、

「天満宮の神様も同じくもとが人間だから、同じような感じでしょうか？」

と、お聞きすると……天満宮は専門性が非常に高い、と言います。たしかに神様の中では、

専門性が一番高いのは天満宮ではないかと思います。

その専門の部分が波動にも入っていると言います。学業成就です。学業、勉強だけに限らず、研究とか、開発とか、自分が身につけたいものを努力によって手に入れることができる……そういう部分もあります。ただし、歌や絵（エンターテインメント系）は別だと言っていました。学問、仕事関係に限られるみたいです。

天満宮は人間が神様になっていますから、八幡宮と似ているように思うかもしれませんが、専門性が高いため、波動の効果が違うのです。

岩津天満宮の神様は穏やかで、ゆったりと余裕のある性質です。会話をしながら一緒に歩いてくれたのは、日光での家康公以来です。ポックリポックリ歩くお姿がなんともいえず優雅で、よいひとときを過ごさせてもらいました。

# 【山田天満宮】

## 愛知県名古屋市北区山田町3ー25

そんなに大きくない神社でコンパクトにまとまっています。岩津天満宮の神様に「次は山田天満宮に行きます」と言うと、私が梅に大感激していたからでしょうか、山田天満宮にも多くはないが梅があるぞ、と教えてくれました。山田天満宮の神様に「よろしく言っておいてくれ」とも言われたのですが……こちらは思いっきり忘れました（汗）。お前を歓迎するだろう、と言われたところをみると、どうやら岩津天満宮の神様と山田天満宮の神様は知り合いのようです。

この神社も衣冠束帯姿の神様でした。岩津天満宮の神様はしゅっとした上着なので、スマートな感じでしたが、こちらの神様は上着がちょっとぽってりとふくらんでおり、ふんわり丸いお姿です。

同じ天満宮の神様でも、着ている服の形が違うのですね。たぶん人間として生きていた時代が違うのではないかと思います。

こちらはややおじさんの神様で、50歳くらいに見えます。岩津天満宮の神様は若くて、30代後半に見えました。

ここでもおふだの効果についてお聞きしました。岩津の神様はこう言っておられました、と聞いたことを報告すると、その通りだ、ということで、内容は同じでした。

## 【飛騨天満宮】
### 岐阜県高山市天満町2-30

この神社もそんなに広くはないのですが、境内に入ると実際の敷地よりも広く感じます。スカッとした境内になっているのです。

祝詞を唱えると、この神社でも衣冠束帯の平安時代の人のお姿で出てこられました。ここの神様はものすごく色白で、もちもちの肌をしており「うらやましい……」と心底思う美肌でした。

天満宮のおふだの効果について、岩津天満宮の神様はこんなふうにおっしゃっていました、と報告をすると、ここでも「そうだ」と同意します。さらに、ここの神様は次のように言っていました。

「天満宮のふだの波動をずっと浴びていたら、勉強が好きになる」

波動をどれくらいの期間浴びるとそうなるのかは人によって違うそうです。勉強が嫌いだという子には、天満宮の波動を毎日浴びられるようにしてあげるといいそうです。

その理由として、天満宮の神々は人間だった時から勉強が好きだった、と言うのです。

「へぇ〜！　そうなんですね！」

そうか、だから天満宮の神様になったのかもしれないと思いました。波動にはそのような特徴があるそうです。その特徴の影響を大きく受ける子もいるとのことです。

## 天満宮系神社

努力が無駄にならずに身につく
↓学業成就、研究・開発の成功
・勉強が好きになる

### 波動の効果

# 稲荷社系の神社

## 【千代保《ちよほ》稲荷神社】

岐阜県海津市平田町三郷1980

眷属が多くいるお稲荷さんです。離れた場所からも「ああ、あそこに稲荷社があるな〜」とわかるくらい多いです。

鳥居をくぐって表参道の石段を上がると、左側に古い石灯籠や古い狛狐をたくさん集めている一角があります。狭い場所にたくさんの石灯籠と狛狐像が置かれていますから、ぎゅうぎゅう詰めといった感じです。

ここに、神格が高くて古くからいる眷属が集団でいます。うわぁ、いっぱいいる〜！　という数です。神格がまだ低い、まだまだ修行中の眷属とか、新入りの眷属、仕事に慣れていない眷属は本殿のほうにいて、神様の下で働いています。神様の指示で願掛けのお手伝いなどをしています。

古くて神格が高くて、どこかのご祭神になってもいいような眷属はみんな、この石灯籠エリアにいて、必要に応じて高度な仕事をしているようです。新人の指導なんかもしています。

石灯籠エリアのそばにも鳥居があって、そこから横道に出られるようになっており、一旦その鳥居から外に出てみました。ぶらぶらとそのへんを歩いて、ふたたび境内に入り、チラッと石灯籠エリアを見たら……奥のほうに、高齢の女性がひとりいました。背の低い……１４０センチくらいでしょうか、ちょっと背中の曲がったおばあさんです。

着ている服が古いので現代の人ではなく、さらに、生きている人でもありません。時代はわかりませんが、かなり昔の人なのです。

「ちょっとおばあさんとお話をさせて下さい」

そこにいるたくさんの眷属にお願いをして、石灯籠エリアに入れてもらいました。このエリアは中に入れるように、端の部分に石段が作ってあります。その石段から中に入って、奥まで歩いていると、ご挨拶を聞いていなかった眷属が、「なんだ？」「なんだ？」と言います。

「すみません、おばあさんが見えたので、お話をさせていただこうと思いまして……」

でも、肝心のおばあさんは私がそばに行く前に消えてしまいました。そこにいた眷属に聞いたところ、おばあさんはここのお稲荷さんが好きで好きで、亡くなってから手伝いに来ている、とのことです。

眷属の話では、スカウトもしていないし、お稲荷さん側から来てほしいと頼んでもいない、それなのに勝手に来て、いろいろと雑用を手伝っているそうです。勝手に来た、と言っていますが、神様も眷属も好意を持っているようで、おばあさんのことを大事にしているみたいです。おばあさんはここで「働いている」のですね。

なんだかほっこりするお話でした。神様のことや、神社が大好きで「働きたいんです！」と、たとえ許可がなくても行ってしまえば、受け入れられて大切にしてもらえるのです。おばあさんは毎日、楽しく働いているのだろうな、と思いました。

稲荷社のおふだを部屋に飾っておいたら、どのようなよい影響がもらえるのか……。

お稲荷さんですから「お金」に関係があるのかな？　と思いました。バーン！　と大金が入ってこなくても、お金に困らないような作用があるのだろうと思っていたのです。

千代保のお稲荷さん（神様）に聞くと、

「稲荷は人間に一番近い神である」

と言います。人間と一番〝親しい神〟である、とも言っていました。人間のお願いをこまめに叶えて密接な関係を保っている、人間のお世話を一番している神様だということです。

そのお稲荷さんの波動が入ったおふだですから、波動の影響は「神様と距離が近くなる」だそうです。

「それは、他の神社に行っても、目をかけてもらいやすいってことでしょうか？」

「それもある」

お稲荷さんの波動の影響をもらっている人は、たとえば、何万人といる初詣客の中でも他の人と少し違うといいますか、見つけてもらいやすいそうです。神様との距離が近いからです。

神様は私たち人間がいる3次元とは違って、もっと高い次元にいます。その次元では距離感というものも見えるらしいです。ですから、ご縁をいただいている神社に限らず、どこの神社であっても距離が近い人間として見てもらえるわけです。そのような影響がある波動だそうです。

ただ、残念なことに千代保稲荷神社はおふだを売っていないらしいのです。お稲荷さんだったらどの神社でも同じ効果があるとのことですので、おふだは別のところで買って、この神社では願掛けをしたり、境内で波動をもらうといいです。


この神社のお稲荷さんはお話をたくさんしてくれるので、別の質問もしてみました。

ものすごーくさびれてしまって参拝者が全然来なくなった神社は、境内社なども壊れているところが多いです。修理もされず打ち捨てられている……という状態になっているのです。そのような状態になると（参拝する人もいませんし）、境内社の神々は勧請元の神社に帰ります。しかし、お稲荷さんだけは残っている……という神社が少なくないのです。

なぜ、お稲荷さんだけは残っているのか、という、その理由を聞いてみました。

「お前はどう思うか？」

私が思うのは、立場が下になりたくないからではないか？　です。他の神社の境内社に行く場合、もとの神社では眷属だったけれど、勧請先では神様として迎えてもらえます。そこで新しく自分の眷属を持つこともあります。お社は小さくても、一国一城の主になるのです。しかし、もといた神社に戻ってしまったら、また眷属という立場に逆戻りです。言ってみれば、格下げでしょうか、左遷と言いますか……。

「それが嫌なのだと思います」

「違う」

勧請は言ってみれば「契約」、一種の「約束」です。お稲荷さんは契約をして境内社へ行くわけです。その契約はある程度、しばりが強いそうです。

力がある神様は、自分で帰ることができます。契約をナシにできるのです。契約はクサリで結ばれるようなものなので、それをパキーンと割ることができれば、もとの神社に帰られるというわけです。力があればそれができます。

でも、境内社のお稲荷さんはほぼ全員が眷属です。眷属でも神格が高ければ、クサリをパキーンと割って帰ることができます。けれど、パキーンと割るほどの力がまだついていないのです。……そういう眷属はお社が壊れても、参拝者がまったくいなくなっても帰れないのです。自分で契約を破れないから、いるしかない……というわけです。

私は以前から、境内社には2種類あるな～、と思っていました。帰りたくても勧請されているから帰れないという境内社と、勧請されているのにあっさり帰ってしまって空っぽになっている境内社です。

勧請は、「ここに鎮座して下さいね」「はい、いいですよ」ということで、その神様（眷属）をしばる、という契約です。重ねて言いますが、これをパキーンと割れれば帰れますし、割れなかったら帰れないのです。どうやら、勧請のやり方によっても割れやすいかそうではないのかが左右されるみたいです。

クサリでしばられた契約でも、ほどく方法はあります。

仏像は「開眼《かいげん》」の儀式をしたら、ただの木や石の仏像に「魂」が入って、仏様になります。仏様になった仏像を動かしたり、処分をする時は、今度は「魂抜《たまぬ》き」という儀式をします。そうしないと魂が入ったままですから、障りが出たりするのです。

神様の勧請も同じです。勧請の儀式をした神様に帰っていただくには、勧請をほどく儀式をしなければなりません（こちらも「魂抜き」と言うところがあります）。魂抜きをすれば、どの神様も、どの眷属も、契約が白紙になりますから、スーッと帰ることができます。

参拝者が全然来ない、お社も壊れている、神様に帰っていただいたほうがいい、となったら、神職さんが魂抜きをすることが望ましいのですね。

それとは別に、契約という「約束」を交わしたから、最後まで「いる」という、誠意あるお稲荷さんもいるそうです。

ちなみに、さびれた時に「どうして参拝に来ないのか！」と怒るお稲荷さんは、神社のご祭神代理で派遣されるような、境内社のお稲荷さんではなく、自分がお社（神社ではなくて、小さなお社のみ、祠のみというのが多いです）に祀られているお稲荷さんです。このお稲荷さんは人格みたいなものが神様代理のお稲荷さんとは全然違います。

千代保のお稲荷さんにはここまで教えてもらって次の神社に向かいました。

## 【櫻山《さくらやま》八幡宮】

**岐阜県高山市桜町178**

稲荷社系神社の紹介なのに八幡宮が入っているのは、この八幡宮でお稲荷さんの話を聞いたからです。千代保稲荷神社で聞いた話の続きとなっています。

ローカルな小さい神社かな〜、と思って行ったら、意外と大きな神社でした。参道の入口にはお店が並んでいて、にぎわっている神社のようです。

社殿が立派で大きく、拝殿の左側にあるお稲荷さんのお社も境内社とは思えない大きさです。

境内社のお稲荷さんというのは、小さなお社がちょこんとあって、赤い鳥居が数本立てられている、というのが普通です。それに比べるとここのお稲荷さんのお社は立派で、さらにそれが古くて、昔から大切にされてます！　という雰囲気です。神格も高いです。

こんなに素敵な稲荷社を建ててもらっているお稲荷さんもいるのだな〜、ご挨拶をしとこうかな、と手を合わせました。ついでに千代保稲荷神社で聞いたことをお話してみました。

すると、もう一歩踏み込んだ事情を教えてくれたのです。

さびれた神社となって、境内社の他の神々がすべて勧請元に帰っても、お稲荷さんだけが残っているのは、やはり「勧請」という「契約」のせいだそうです。

「クサリでしばるようなものだから、それが解けないんですよね？」

千代保稲荷神社で聞いたことを確認すると……そのような契約である、ということは、実は、お稲荷さんのほうは最初からわかっていると言います。人間はわかっていない者が多いようだが……と、つけ加えていました。しかし、お稲荷さんのほうは、勧請される前にしっかりとそこは理解しているのです。

勧請をする人の力量や、勧請のやり方、それでその勧請がどのようなものになるのかが、変わってくるそうです。半永久的に境内社に結びつけられてしまう、という勧請の仕方もあるとのことです。

でも、お稲荷さんは「それでもいい」と思って承諾し、そこに行きます。人間のほうは詳しくわかっていない人が多いため、ただの勧請をしていると しか思っていませんが、ガッチリ結びつける、というものもあるのです。

そのようなキツい契約ですから、お稲荷さんのほうは勧請される際に、つまり、契約する前に〝拒否〟することもできます。けれど「よし、それでもいい、行こう!」というお稲荷さんのほうが多いのです。境内社に入って、自分がそこの神社のために奉仕をしよう、働こう、と思うそうです。

「どうしてでしょうか?」

この質問をすると、お稲荷さんの眷属がたくさんいることを言われました。非常に数が多いので、神様になるのがちょっと難しい……狭き門だそうです。ですから、そのような勧請でもチャンスであり、頑張ろうと思うみたいです。

切なくて涙がこぼれたのは……キツい契約なのに(自分では契約を解除できないのがわかっているのに)、それでも行こうと思うのは、お稲荷さんは基本的に「人間を信じている」と聞いた時でした。

人間を信じているから、自分が入る境内社がある神社に、人間が参拝しなくなるとは思わないそうです。ずっと参拝してくれるだろう、人間はずっと来るだろう、と〝信じて〟行くわけです。まさか人間が信仰を捨てて、その神社がスカスカのガラガラになったりするとは思わない、だから、クサリでしばられる契約だとわかっていても、オーケーをするのです。

「スカスカになっても去らないのは……もしかしたら、まだ人間を信じている気持ちがある、というお稲荷さんもおられますか？」

「いる」

また参拝に来てくれるようになるかもしれない、その時のために、自分がここにいなければ……という気持ちを持ったお稲荷さんもいるそうです。

「希望を持っている稲荷もいる」

勧請された神様（眷属）は、魂抜きを正式にされれば帰ることができます。しかし……境内社が朽ちていくとともに、放っておかれることのほうが断然多いのです。働き者のお稲荷さんを知っている私としては、なんと言いますか……涙が出るお話でした……。


ご祭神である櫻山八幡宮の神様には八幡宮のおふだのことを聞きました。他の八幡宮ではこのようなお話をお聞きしています、と報告をすると、

「八幡宮の波動の話はそれでよい」

と言います。

「稲荷の話を聞いたか」

「はい」

「悲しい部分があるのぅ～」

「はい。たしかにそうですね……」

どこの神社の神様も、そのようになってしまったお稲荷さんを見て、「悲しい」「稲荷は一生懸命にやっているのに」と思うらしいです。

神様方はみんな、お稲荷さんのことを信頼しているそうです。どの神社もたいていお稲荷さんがいます。そして、そのお稲荷さんはもう本当に一生懸命に働いています。それを見て、よく働く、と認めているのです。

そこまでして頑張っているのに、最後はそのような結果になることもある……そこが悲しい、とこの神社の神様も言っておられました。

## 【寶徳山《ほうとくざん》稲荷大社】

新潟県長岡市飯塚８７０

ごく普通の稲荷社しか知らなかったら、度肝を抜かれる神社です。ビックリします。駐車場から巨大な建物が見えているのですが、その迫力がすごい！　のです。建物は紅白に彩られているので、お稲荷さんだということはすぐにわかります。鳥居も巨大です。

とりあえず、大きな建物のほうに行ったらいいのかな？と歩いていると、そちらの方向が本宮であるという案内がありました。境内に入る時に、ちらっと駐車場の奥のほうを見たら、「本宮は冬期間は参拝できません」みたいなことが、看板に書かれています。

冬季閉鎖だとしても、神様は本殿にいるでしょうから、きっと授与所とか、社務所のことだろうと思いました。まさか本殿・拝殿が閉鎖ってことはないだろうから、手だけでも合わせに行こう、と石段を登りました。

予想に反して本宮は一般的な社殿ではありませんでした。近代的で巨大な建物であり、その中にお稲荷さんを祀っているみたいです。私が行った日はその建物の扉が閉じられていて、中に入ることができませんでした。「うわぁ、本当に閉鎖されているんだ〜」と、とりあえずそのへんをぶらっと歩きました。

閉鎖されているとはいえ、こちらが「本宮」でありメインの信仰場所なので、建物は閉じられていても神様や眷属はいるはず……と思ったのですが、不思議なことにいないのです。シーンとしています。1体たりとも眷属がいないし、神様もいなくて、何がなんだか事情がさっぱりわかりません。

あちこち見ていると、ここは閉鎖していますから内宮のほうへ行ってね、みたいなことが書かれていました。参拝者も来ないし、神社の関係者も神職さんもいない、神様も眷属もいないという「冬期完全閉鎖」の珍しい本宮です。

内宮は駐車場の手前にありました。本宮まで歩いて行っていたので、また駐車場を通って戻ります。建物の入口に鳥居があり、そこをくぐって行くと、中庭のようなところに出ます。その左手に内宮の建物がありました。こちらに神様も眷属もいました。

内宮も大きな近代的建造物です。木でできた社殿ではありません。中に入ると、これまたでっかい提灯が天井から下がっています。エントランスといいますか、靴を脱ぐ玄関のようなところがあって、ここもけっこうな広さです。大きなお賽銭箱も設置されています。お賽銭箱の向こうにある扉を開けて、中に上がれるようになっていました。

せっかくなのでお邪魔してみました。

扉の中も広くて、入ったところにもお賽銭箱がありました。ここで手を合わせるようです。正面には神様のための階段があり、階段を上がったところは扉になっています。階段の左右にはガラスの部屋みたいなところがあって、ロウソクがそこで燃えているのが見えました。なんとも不思議な造りの神社なのです。

左側にある授与所の端ではロウソクが売られていて、ここの神様はロウソクをともしてお願いをする神様である、と説明書きがありました。非常に珍しいのでチャレンジしてみました。

ロウソクは10本入りで300円です（2020年2月現在）。そこそこ太いカラフルなロウソクで、緑、赤、黄、白、紫の5色が2本ずつ入っています。まず、向かって右側のロウソクをともす部屋で5本に火をつけ、奉納します。次に、左側の部屋に移動をして、同じく

5本、火をつけて奉納します。

手を合わせるのはお賽銭箱の前なのかもしれませんが、私はすべてのロウソクを奉納し終えたところでご挨拶をしました。参拝客は私以外誰もいなかったので、そこで祝詞も唱えさせてもらいました。

祝詞を唱えている時に神様が姿を見せてくれました。すごく大きなキツネ姿の神様で、パワーがあります。神社がある場所がけっこう山の上ですから、「山の稲荷」として、もともと強いお稲荷さんのようです。

ただ、一般的な稲荷神社のお稲荷さんとはちょっと違っています。正統派稲荷ではなく、「魔」ではないのですが、そちらのほうにもちょっと強いのです。清い神様一色ではなくて、どう表現すればいいのか迷いますが、妖気とも違いますし、独特の「稲荷色」を持っています。お稲荷さんはもともと普通の神様とは違っています。その、稲荷色が独特で強い、稲荷という種類の色が濃い、という感じです。

ここのお稲荷さんの顔は鼻のところがシュールッと、シャープに尖っています。顔が立体的なのです。体の模様は白と黒で、耳のてっぺん部分に黒い色が入っています。赤ではありません。ヒゲのところにも黒い模様があります。さらに従えている眷属も多いです。

この神様によると、やはりお稲荷さんは「よく動く、よく働く」とのことです。他の神様の倍動くことも、お稲荷さんは面倒くさいと思わない……という具体的な話もしてくれました。たとえば、何かをチェックしなければいけない、見に行かなくてはいけないという場合、他の神様だったら5ヶ所ほどチェックをしてくるところ、お稲荷さんは10ヶ所行くそうです。

「面倒なことも厭《いと》わずによく動く。それが稲荷の特徴である」

なるほど〜、とわかりやすい説明です。

「お稲荷さんって、どうしてこんなに人間に寄り添ってくれるのでしょうか？」

この質問にも答えてくれました。

お稲荷さんという存在はものすごくたくさんいます。そしてみんな、やっぱり「祀ってほしい」「祀られたい」と思っているそうです。祀ってもらって、ずっと信仰してもらいたいのです。

しかし数が半端なく多く、眷属の中から祀られるのはほんのひと握りです。ほとんどが祀ってもらえません。そこで眷属は祀ってもらえるように一生懸命働くのです。

一生懸命に働いて、願いをよく聞いていると、その稲荷社は霊験あらたかということであちこちから勧請されます。そうなると自分が祀ってもらえるチャンスも増えるというわけです。見える人がいれば、この眷属が特によく働いてくれるから……ということで、その眷属を村のお社に祀ったり、家の神棚に祀ったりすることもあります。

小さなお社に祀られているお稲荷さんは、せっせと働いていると、願い事がよく叶うと評判になり参拝客が増えます。すると、ますます多くの人に信仰をしてもらえるようになって、眷属も増え、小さなお社、または祠から神社になり、規模も大きくなっていきます。

「あの、それって……言葉が悪いのですが……目的のために……」

「誠意である！」

お稲荷さんは本当に誠意で働いているそうです。そうやって人間のために一生懸命働いても、祀ってもらえないことのほうが多いわけです。そうなったとしても、がっかりするだけで怒ったりせず、また黙々と働くらしいです。

このような場合、怒るタイプとがっかりするタイプ、二通りのお稲荷さんがいます。

「すべての稲荷が怒り狂って、障りを起こすと考えている者がいるようだが、そこは稲荷の性質と神格による」

神格が低くても、おっとりした性質のお稲荷さんだったら怒ったりしないそうです。神格の低いお稲荷さんがすべてイライラしていて、すぐに怒るとかではないのですね。がっかりしてシュンとなり、絶望しているお稲荷さんもいるそうです。陽気なお稲荷さんは仕方ないと明るく受けとめて、またせっせと働くそうです。

怒るお稲荷さんもたしかにいます。しかし、それは神格が低いからだけではなく、もともとの性質もよろしくないとのことです。

お稲荷さんはもとがニュートラルな精霊ですから、善のほうにも悪のほうにもいけます。悪のほうの影響が少しでもあるお稲荷さんは、ちょっと意地が悪かったり、怒りっぽかったりします。

そういう妖色《あやかし》のついたお稲荷さんの妖の度合いも、100%か0%かという2択ではなく、10%とか20%、50%とか70%と幅があるそうです。妖が少しでも入っていたら、怒りっぽい性質になるらしいです。

そのようなお稲荷さんでも、修行を重ねると、妖の部分が徐々に落ちていくと言っていました（妖の色がまったくついていないお稲荷さんももちろんたくさんいます。というか、こちらのほうが多いです）。

神格が低くても妖部分がないお稲荷さんは怒らないし、障りなど起こしません。

興味深いお話を聞かせてもらったので、お礼を言うと、

「また聞きたいことがあれば来ればよい」

と言ってくれました。太っ腹な感じのお稲荷さんです。力もあって頼りになる神様ですが、笑うとか、陽気だとか、そういうタイプではありませんでした。

## 【馬橋《まばし》稲荷神社】

### 東京都杉並区阿佐谷南2−4−4

レンタカーで鳥居の前を通過した時に、小さなお稲荷さんだなと思ったのですが、入ってみたら意外と立派な神社でした。社殿もそこそこ大きいし、近所の人や、地域の人々に厚く信仰されているようです。

しかし、拝殿で手を合わせても何も聞こえません。ご祭神のお稲荷さんがいないということはありえないのですが、シーンとしているのです。お稲荷さんがしゃべらない、というのも珍しいです。

境内社があったので、そっちにいるのかな？　と行ってみたら、「水神社」と「厳島神社」と書かれていました。こちらにもいません。小さなお塚信仰みたいなお社がいくつかあって、そこの一番古いお社に、境内社のお稲荷さんはいましたが、こちらもしゃべらないのです。

はて？　と行き詰まりました。

境内社エリアから改めて本殿を見ると……なんと！　たくさんのお稲荷さんが一点に集まっているのです。表現が難しいのですが、組体操のピラミッドみたいな感じで集合しています。

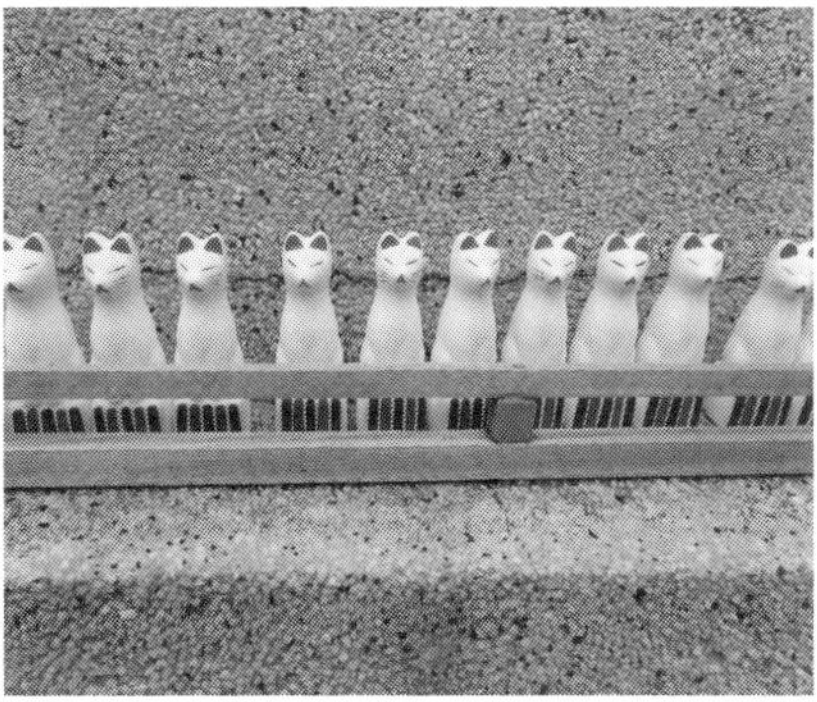

100体近くのお稲荷さんが4段の団子状態でいるのです。たくさんいるのだけれど、どのお稲荷さんもしゃべりません。

じーっと観察をして、やっとわかりました。どうやら代表（メインの神様）がいない様子です。ご祭神として、1柱が大きく鎮座している神社ではないのです。

普通は、ご祭神である強いお稲荷さんが1柱いて、その下に子分のような眷属がいます。ご祭神が眷属を従える、とい

う構造ですが、ここはそのご祭神となる1柱がいないのです。言ってみれば全員がご祭神で

あり、全員が眷属でもあり、仲間です。ですから、全員で協力して働いているみたいです。

「神様」と呼びかけても返事がなかったのは、私はご祭神であるメインの神様に呼びかけて

いたためです。全員違うので答えがなかったのです。

ものすごーく珍しい神社です。同じレベルのお稲荷さんが団体でいるのです。このような

システムの神社は初めてで、本当に驚きました。願掛けを叶えたりすることも会議で話し合っ

て、誰が担当するのか、どう叶えるのかを決めているようです。

このような神社があるのですね～。やはり神社仏閣は行ってみなければわからない、と改

めて思いました。

---

## 稲荷社

### 系神社

神様との距離が近くなる

・神様霊能力がアップする

波動の効果

---

# 白山系の神社

## 【白山中居《ちゅうきょ》神社】

**岐阜県郡上市白鳥町石徹白3ー48**

　到着して、まず注目したのはご神木のパワーです。一の鳥居を入ったすぐのところに2本あります。参道を挟んで2本立っていて、ご神木が門の役割をしています。随身門とか仁王門のような感じで、2本のご神木がここから中に悪いものを入れないよう守っているのです。

　少し進むと、今度は禊《みそぎ》をしてくれるご神木が数本並んでいます。木々の間にある、狭くて小さな道を歩くと浄化をしてもらえます。ご神木に、です。このような神社は初めてです。

どのご神木もしっかりと太くて、元気なパワーを持っています。割れていたり、空洞になっていたりということがなく、すべてどっしりとした木で、土地のよいパワーと神様のパワーを存分に浴びて力を蓄えていることが確認できます。

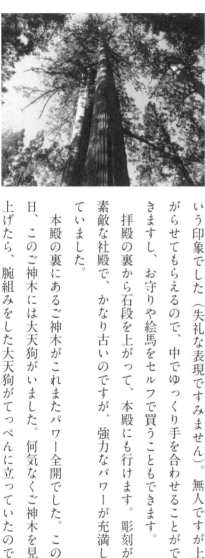

しめ縄が巻かれていないので「特別ではありませんよ〜。普通の木です」みたいな謙虚さもあってますます好感が持てます。

石の階段を下りて川を渡ると、拝殿・本殿エリアです。拝殿は簡素な造りで、小屋？という印象でした（失礼な表現ですみません）。無人ですが上がらせてもらえるので、中でゆっくり手を合わせることができますし、お守りや絵馬をセルフで買うこともできます。

拝殿の裏から石段を上がって、本殿にも行けます。彫刻が素敵な社殿で、かなり古いのですが、強力なパワーが充満していました。

本殿の裏にあるご神木がこれまたパワー全開でした。この日、このご神木には大天狗がいました。何気なくご神木を見上げたら、腕組みをした大天狗がてっぺんに立っていたのです。チラリと私を見下ろしたので、目がバッチリ合いましたが、すぐに顔を上げてどこか遠くを見つめていました。

本殿におられる神様はヒゲをはやした男性のお姿です。みずらではなく、爆発した感じのヘアスタイルです。白山《はくさん》から来ていることは神様の波動でわかりました。ものすごく強い力を持っていて、神格も相当高いです。

この神様は人間が修行をして神様になったタイプではなく、もとから神様であり、そこは「白山比咩《しらやまひめ》神社」の神様と一緒です。波動も似ています（白山比咩神社については『「山の神様」からこっそりうかがった「幸運」を呼び込むツボ』に詳しく書いています）。

同じ白山系の神様だから、知り合いなのでは？　と思い、話題にしてみました。

「私、白山比咩神社の神様に会ったことがあります」

「ほぉ、そうか」

ここでちょっと白山比咩神社について説明をしますと、ご祭神は女性の姿をしておられ、前述したようにもとから神様です。とても強い力を持っており、超サバサバした性質ですから、うじうじ悩んでいると喝を入れてくれます。優しいけれど、ピシッと元気づけてくれる……そのような神様です。

白山《はくさん》中居神社の神様によると、白山にいる山岳系神様の下には3柱の神様がいるそうです。うまく当てはまる言葉がないので、「下」という表現を使っていますが、3柱とも子分とか眷属といった立場ではありません。言ってみれば組織内のリーダーという感じです。

会社の組織図はツリー状に表現されています。それと同じで、山岳系神様が頂点にいて、そこから線が3本伸びて3柱の神様がいます。さらに3柱の各神様から数本線が伸びていて、そこにまた下の神々がいて……というふうになっているのです。

しつこくて申し訳ないのですが、下と書いても、上下関係があるわけではありません。強いて言えば、神様の大きさ順、でしょうか。どの神様も旧知の仲という、フランクな関係です。

なぜ、最初の段階で分かれているのが3柱なのかと言いますと、守る地域の担当が大きく3つに分けられているからです。北部＝白山比咩神社、西部＝平泉寺白山《へいせんじはくさん》神社、南部＝白山中居神社だそうです（西部が平泉寺白山神社だというのはあとから知りましたが、一応書いておきます）。

東部は山々が連なっているため、こちらの方角を専門に守っている一団はいないらしく、白山の神様・眷属、3つのグループ、地元にいる白山系の神様が協力して守っているそうです。白山の周辺には白山神社が多くありますが、このように体系化されてまとまっているのです。

「氏神様クラスの小さな神様も、白山系は全員もとから神様なのですか？」

という質問には、自然霊も多いという答えが返ってきました。ヤマイヌ、シカ、キツネ（お稲荷さんとは違うキツネです）、白山の神様の眷属だったワシもいるし、白山比咩神社の神様の眷属だった自然霊が、里に神社ができてそちらに行ったというケースもあるそうです。

もちろん、もとが人間の神様もいます。こちらは古くからの白山系ではありませんが、白山神社ということで白山会議には参加しているそうです。

3柱の神様はお互いに行ったり来たりはしないらしく、会うのは年に1回の会議だけだと言っていました。この会議には白山にいる虹色の白い龍も参加するそうです。ちなみに白山にいる龍は2体だと教えてくれました。

この神社を参拝したのは、おふだの取材をする前でした。白山について知りたいと思ったので、近くに行った時に、この神社と後述する「長滝《ながたき》白山神社」を参拝したのです。ですから、おふだについては聞いておりません。

ここの神様は豪放磊落という言葉がピッタリの大きな神様で、やはりどこか白山比咩神社の神様と似ています。こちらの神様のほうが性質はかなりマイルドです。

白山中居神社の絵馬は鳳凰《ほうおう》がデザインされています。絵馬が掛けられているところを見たら、皆さん、絵馬の形をした板に自由に絵を描いていました。ちゃんと色もぬっていて、そのバラエティに富んだ絵馬は楽しくて、見ていてほのぼのとしました。神様もニコニコとご覧になっているのだろうと思います。

白紙の絵馬、というのも変ですが、何も描かれていない絵馬もいいですね。すべて自分で描くのも楽しそうですし、文字よりも絵を描いたほうが願掛けは叶う率が高いので、絵馬の手描きはおすすめです。

## 【長滝《ながたき》白山神社】

**岐阜県郡上市白鳥町長滝138**

神社とお寺が同じ境内にあり、しかも距離も近いです。参道も１本だけで、完全な神仏習合ですが、違和感はまったくありません。参道を進むと、正面にあるのが神社の拝殿となっており、参道から見て、正面と右側が神社で、左側がお寺でした（お寺の名称は「白山長瀧寺《ちょうりゅうじ》」です）。

この拝殿がすごいです。本殿ではなく拝殿ですから、こう言ってはなんですが、ただの建物です。それなのに、うわーっとパワーが迫ってくるのです。強いパワーがありすぎて、ぐいぐい押される……そんな感じです。たとえて言えば、１００㎖の容器に３００㎖入れました、という圧があり、「うわぁ、なに？　ここ？」と、思わず立ち止まって、まじまじと眺めてしまう、そんな拝殿なのです。

白山の山岳系神様は山にいて、そのすぐ下の３柱の神様はそれぞれの神社にいます（この時点では２柱しかわかっていませんでしたが、残りの１柱は少し距離があるところだと聞い

ていたのです）。ということは、ここの神様は3柱の神様よりも下ということになります。白山中居の神様の眷属？　いや、そうじゃなくて、神様が複数いるとか？　とあれこれ考えました。パワーが大きいので、氏神様クラスとは思えないのです。

拝殿を見終え、裏にある本殿に行くと……驚いたことに、そこには大きな緑色の龍がドデーン！　と、いました。ドデーン！　といたのです！

「あの？　識子さん？　表現を間違えていませんか？」と思われた方、わかります、そう思いますよね。

普通の龍はしゅるる～んと上空を泳いでいます。社殿にいても、スッキリとそこにいます。しかし、ここの龍は……言葉で表現するのがもう本当に難しいのですが、ソファにドカッとくつろいで座っているような、それもあぐらをかいているような、そんな大胆なポーズで鎮座しているのです。

ヘビのようにとぐろを巻いているのではなくて、うねうねとしたまま……たとえて言えば、着物が思いっきりはだけて中が見えていますけど？　というような、それでお腹をドデーンと突き出している（ちなみにお腹は白いです）……そんな姿なのです。ですから、お腹は丸見えです。

龍なのに……ありえない……というのが、正直な感想です。

そのポーズですから、最初は大蛇かと思いました。太くて大きいので、そこも大蛇っぽかったのです。けれど、よく見たら龍で、

「うわぁぁ、なに？　この龍？」

と、失礼を承知で叫んでしまいました。龍が空を泳がずに、うねうねポーズでドデーン！とくつろいでいるのです。

「えっと？　本当に龍？」と、すでに龍と判明しているのにもう一度確認したことも報告しておきます。とりあえず話しかけてみました。

「白山中居神社に行ってきました」

「…………」（私をじっと見ていますが、返事はありません）

「白山中居神社の神様の……眷属ですか？」

「違う」

「でも、３柱の神様の上には山岳系神様しかいませんし……ここは白山中居神社よりふもと

にあるので……」

「山の神の眷属である！」

白山にいる山岳系神様直属の眷属だそうです。なるほど、それでこの強大なパワーを持っているのだな、とわかりました。

「あの？　龍神様？　白山中居神社の神様は、白山にいる龍は2体だと言っていました。1体は私が白山で見た虹色の白い龍で……ということは、龍神様がもう1体の龍ということでしょうか？」

ややこしい話ですが、その2体の龍は〝白山にいる〟龍だそうです。常に山にいる龍です。山にいない龍もいるとのことで、この龍神がそうだと言います。

白山連峰に龍は合計で5体いるそうです。白山に常時いるのが2体、その他に3体いて、その3体のうちの1体がここの龍なのです。

「そんなに大きくて、パワーもあって強いのに、どうして大空を泳ぐでもなく、高い山にいるわけでもなく、ここにいるのでしょうか？」

「勧請された」

龍は非常に涼しく答えます。

「えええーっ！」

「なんだ？」

「勧請されて断らなかったのですか？　そんなに大きい体だったら、神社とサイズが合わないじゃないですか」

「勧請されて悪い気はしない」

ふたたび、すがすがしく答えます。

「えええーっ！」

「なんだ！」

「龍なのに？　ですか？」

自由気ままで、超クール、人間に媚びないのが龍です。それなのに、このような小さな（いや、本殿も敷地も大きいのですが、龍がそれよりもはるかに大きいので、相対的に小さく見えるのです）ところに勧請をされて、ンモーと思わないのが不思議でした。

「まったく悪い気はしない」

へぇぇぇぇー！　龍なのにぃぃぃー！　と、本当に心の底から驚きました。

「でも……実際のところ、狭くありませんか？」

「狭い……」

うぷぷ、と思わず笑ってしまいました。やっぱりそう思っているのです。

龍は3次元の本殿の中ではなく、本殿の〝空間〟にいます。次元が違うので、狭くはないだろうと思うのは人間の考えで、事情があるようです。

「お体、ずいぶんはみ出していらっしゃいますしね」

「狭いが……かまわない」

ああ、ここの龍神はいいな〜、と思いました。龍は普通、多くを語ってくれませんが、しゃべったら意外としゃべってくれるのです。お腹を見せてドデーン！　とかまえているのも面白いですし、大物感が漂っています。

この龍神によると、虹色の白い龍は眷属でも自然霊でもなく、〝神様〟だそうです。珍しい立場の龍らしいです。

神社の横には「三重塔跡」や「常行堂跡」がありました。神社よりも高い位置です。そこから本殿を見た時に、「社殿に比べて、龍の体、でかっ！」と思いました。

ちなみにお寺には霊泉があります。飲もうとした時に、龍が「3回、飲め」と言うので、素直に従いました。手で水を受けて飲むのを3回繰り返します。美味しくて、ものすごーくまろやかな水でした。毒素を出す働きがあるそうです。

## 【平泉寺《へいせんじ》白山《はくさん》神社】

**福井県勝山市平泉寺町平泉寺**

白山中居神社と長滝白山神社は同じ日に参拝しましたが、この神社を参拝したのはそれから3ヶ月後のことです。神々しい境内は白山の「気」が強くて、けっこう広いです。山の斜面に境内があり、季節によっては歩くのが楽しいだろうなと思いました。しかし、私が行ったのは冬だったため参拝者はひとりもいなくて、広い境内には私だけという贅沢な参拝をさせてもらいました。

白山神社はたしか……3柱の神様が山岳系神様の下にいて、守っている場所が違っていたんじゃなかったっけ？　と、参道を歩いている時に以前に聞いたことを思い出しました。しかし、前述した2ヶ所の神社参拝から時間がたっているので、細かいところまで思い出せません。仕方がないので、その情報にとらわれずに取材をすることにしました。

まずは拝殿でご挨拶をし、それから本社（公式ホームページに従って書いています）と、その両脇のお社に手を合わせました。雪が残っているので歩きにくく、雪がとけているところは水たまりになっていたりして、足もとが悪かったです。スニーカーが思いっきり濡れました（泣）。

本社からさらに上にいく道があります。「三宮《さんのみや》（現地の案内板やマップには三之宮と書かれていました）」という境内社があるのですが、駐車場にあったマップによると、安産の神様らしいのです。「安産だったら行かなくてもいいかな～」と思ったのですが、本社参拝のこの時点では、ご祭神となる神様がまだわかっていませんでした。出てきてくれないのです。山道を歩きながらお話をすれば出てきてくれるかも？　いや、もしかしたら、その三宮にいるのかも？　と思ったので、さらに登りました。

本社から上がって行くと、三宮の少し手前でヤマイヌが見えました（見えない世界のヤマイヌです）。あっ！　そうそう！　白山比咩《しらやまひめ》神社にも、そして、白山に行く途中にもヤマイ

ヌがいた！　と思い出しました。この神社の境内もヤマイヌがけっこうウロウロしています（本社より上のほうです）。

ヤマイヌヤマイヌと何度も考えていたせいで頭の中がヤマイヌだらけになり、自分では意識していないのに、石段を登る時に、

「ヤ・マ・イ・ヌ♪　ヤ・マ・イ・ヌ♪」

とリズムよく口から出ていました。

「なんだ？」

「なんだ？」

と全部のヤマイヌがこちらを向きます。

「あ、すみません。石段を登る掛け声にしていました」

そう言うと、一番近くにいたヤマイヌが、フッと片方のくちびるを上げるようにして笑い、それぞれ散らばって行きました。へぇ〜、ヤマイヌも笑うんだ〜、と楽しい発見です。

やっとのことで三宮社に到着し、ここで思ったのは、本社からだいぶ上がった場所なのに、なぜ安産の神様なのか？　ということです。妊婦さんが参拝するのはかなりしんどいように

思いました。

　この三宮社には女性の姿をした神様がいます。女性の神様は、白山比咩神社の神様がそうなのですが、サバサバ系が多いです。でも、ここの神様はほんわか系でした。

「ごりやくは安産だけなのでしょうか？」

「女性が願うことは、すべてではないが……聞いている」

　安産だけではないそうで、いろいろなお願いも聞いてくれるそうです。女性の姿をした神様が女性の味方、という神社は、兵庫県の越木岩神社や京都の市比賣《いちひめ》神社がそうですし、時々見かけます。

　そこで、ふと、男性の姿をした神様で男性の味方、という神様はいないのだろうか？　という疑問が湧きました。う〜ん、と考えましたが、今まで会ったことがありません。女性は特別なのかな……と思ったところで、あ、そうか、軍神は男性用の神様って感じだから、うまくバランスが取れているのかも、と納得しました。
　冬の足もとが悪いなかを三宮社まで行くと、「おぉ、よく来たな」ということで女性はご縁がもらえます。

「こんな山の中（一の鳥居からけっこう歩きます）で、この時期（雪が積もっていて、ところどころとけてぬかるんでいました）は、足もとが悪いから、妊婦さんはこのような上のほうまで来られないのではないでしょうか？」

「夫や親がくる」

なるほど〜、と思いましたが、冬期は参拝者が少ないそうです。ということは、この足もとが悪いなかを女性が三宮社まで参拝に行けば、願い事が叶う確率は高いです。

スニーカーで行くと水中を歩いたように濡れるし、雪で歩きにくいから疲れるし、しんどさは倍です。それでも頑張って行くと目をかけてもらえます。


三宮社から戻りつつお話をしていて、願掛けの話題になりました。

「お前に願い事はないのか」

と聞かれたので、立ち止まって振り返り、お社に向かっていろいろとお話をしました。

で、くるりと向きを変えて、鳥居に向かって歩き出したら……なんと！　三宮の神様が私の斜め上（私の右横の斜め上、高さは２・５メートルくらいです）のところを飛んでいるのです！　見た瞬間は、「…………」と声が出ませんでした。人間の姿をした神様が飛ぶなんて……ありえない光景なのです。

立っているポーズではありません。龍のように横に長く……横たわったポーズで、ふわふわわ〜、と飛んでいるのです。天女の絵に描かれている、たすきみたいな、布の細長いリボンが、脇のところから肩、頭のほうへと、優雅にひらひらとたなびいています。

ドレスじゃないけれど、白く広がったような服を着ていて、着物ではありません。その優美なお姿で私の斜め上を、龍のごとく、ふわふわふわ〜っと飛んでいるのです。

「えっ！　神様！　飛べるんですかっっっ！」

興奮している私を見て、笑いながら、

「飛べるぞ？」

軽く答えが返ってきました。普通だが？　みたいなニュアンスです。

この神様も、もとが人間ではないので、それで飛べるのかもしれませんが……珍しい、というか、どういう神様なのだろう？　と疑問だらけになりました。大天狗もカラス天狗も飛べるし、人間の姿をしているから飛べない、という認識は誤りだとここで気づきました。

白山の山岳系神様の下、３柱のうちの残りの１柱がここの神様だということも、この時に教えてもらいました。白山比咩神社と、白山中居神社と、この神社だと。

ということは、この女神様が3柱の……？　と思ったら、

「私ではないぞ」

にこやかに笑いながらそう言います。本殿には違う神様がいて、その神様が3柱のうちの1柱とのことです。では、なんとしてでもご祭神に会わなくては！　と思った私は、そこからしつこくしつこーくご祭神を呼んでみました。

そこでやっと姿を見せてくれた神様は……巨大な黒龍でした。

龍だったんだ〜、そうかやっぱり黒龍か〜、と深く納得しました。この時、黒龍はどこから泳いで来ました。白山に帰っていたのかな？　散歩のような感じで空を泳いでいたのかな？　と思いましたが、質問はしていません。明らかに呼ばれたから来た、という姿の現し方でした。もしかしたら、いつもは白山にいるのかもしれません。

黒龍は私をチラリと見て、「ん？」と一瞬、間があって、

「お前は白龍と会っていないか？」

と言います。

「ええ、お会いしました！　白山に登ったことがあるのです！　あ、いや、途中までですが、

そこで神様が見せてくれました」

「そうか」

あの白龍を見られるチャンスはめったにないぞ、みたいなことを言います。はい！　それでそれで？　と続きを待っていましたが、会話はこれだけです。龍ですから無口なのです。しゃべってあげようというサービス精神も皆無です。冷たいわけではなく、これが普通なのです。

黒龍はその後、杉の上をぶわーっと泳ぎ、それがまた超低空飛行なので、お腹がもう本当にすぐそこにあって迫力満点です。うっわぁぁぁー！　と声が出るくらいパワーに押されました。飛行機が頭上数メートルを飛んでいる、とイメージしてもらうと近いかもしれません。こうして、しゅるしゅるしゅるるるーっと移動していきました。

黒龍ですから、ちょっと厳しいというか、一筋縄ではいかないというか、優しくないというか……最初に本殿でご挨拶をした時に、出てきてくれなかったのもわかります。境内の厳しい感じも、凛とした波動も特徴を表しています。人間に媚びることはありません。

真っ黒で、巨大で、パワーも強大な黒龍です。ぽか～んと口を開けて空を見つつ、え？　黒龍がいるってことは白山って火山なん？　と疑問が湧きました。帰宅して調べてみたら……白山って活火山だったんですねぇ。知りませんでした。それであの強い黒龍なんだ、とわかりました。

ここの黒龍は山岳系神様のすぐ下の、３柱の中の１柱です。山岳系神様の仕事を手伝っています。人間のために自分が何かをしてあげる、という奉仕の心を持った龍神ではなく、人間が拝むから聞いてあげようでもなく、白山の神様が人々を助けるからそれを手伝う、という感じです。

この神社の参道脇には小さな池があります。「御手洗池《みたらしのいけ》」です。泰澄《たいちょう》大師が中央にある岩に向かってお参りしていると、ひとりの女神が現れて「私は権現である」と言った、という伝説が残っています。

帰りに池の横を歩いていて、ここで見えたという女神は白山比咩神社の神様なのかな〜？と思っていたら……

「わ・た・し」

と、三宮の女神様が笑っていました。あ、そうなのですね〜、とこちらも笑顔になった一瞬でした。

最後のギリギリになって、「あ、そうそう、おふだおふだ！」と気づき、おふだの波動を浴びる効果について質問をしました。三宮の女神様によると、「厄除け」だということです。白山の神様の波動入りなので、悪いものが寄ってこないのです。

白山特有の効果はないのかな？　と思ったので、そこを聞くと、揺るがない自分になる、みたいなことを言います。

白山比咩神社の神様といい、ここの黒龍といい、白山中居神社の神様もそうらしいのですが、ブレないというか、自分

を強く持っているというか、確固たる自分という芯の部分がすごく強いらしいです。なので、その波動も入っていると言います。

3柱の神々は「白山」という信仰をされている山の一部ですから、おふだの中にも一部として波動が入っており、そこが特徴と言えば特徴だそうです。

参拝を終えて、境内を出たところでひとりの女性とすれ違い、そのあとから4名の参拝客ともすれ違いました。私ひとりきりの空間を長い時間、作ってもらえたことはありがたかっ

たです。それはきっと三宮の女神様がして下さったのだろうと思います。本当に女性に優しい神様なのです。

## 白山系神社

### 波動の効果

・悪いものが寄ってこない
・芯が強く揺るがない人となる
↓信頼される人物になる

# 猿田彦系の神社

## 【六所《ろくしょ》神社】

**愛知県岡崎市明大寺町字耳取44**

まったく予定になかったのに、しかも、その神社があることすら知らなかったのに、取材をしている途中で「ここは参拝すべき！」という神社に出合うことがたまにあります。

それは走行中のナビに現れた神社だったり、スマホのマップで位置を確認している時に目にとまった神社だったり、通過する時にチラッと見て「行かねば」と思った神社だったりします。

この六所神社も現地で急きょ参拝をすることにした神社

です。名前しか見ていませんでしたから、氏神様クラスだと思って行きました。

境内に一歩入ると、古くからここには神社がありましたという、濃厚で歴史のある信仰の「気」が漂っていました。鳥居をくぐったところに案内板があって、何気なく読んだら【時代は降り松平氏が三河入国以来、代々崇敬厚く天文11年（1542）12月26日岡崎城にて竹千代君（徳川家康公）ご誕生の折には産土神としてご拝礼になった】と、書かれていて、思いっきり驚きました。

でも、神様はそのことを自慢に思う意識がないからか、神社の「気」は家康公との関わりを一切主張していませんでした。ですから、境内で家康公を感じることはまったくなく、案内板がなかったら、たぶん知らないままだったと思います（家康公の手形の石板はありましたが）。

社殿を見ると「ああ、納得」という気持ちになりました。パワーある社殿なのです。

さらに驚いたのが、ご祭神です。由緒のご祭神のところに「猿田彦大神」と書かれていました。実はこの本の取材で猿田彦系神社を3社参拝する予定でした。しかし、私は以前に伊勢の猿田彦神社に行って、まったく気が進まずコンタクトをパスした経験があり……できれば、もう1社取材ができたらいいな～と思っていたのです。

偶然とは思えない展開でしたが、神社に伝わっている由緒やご祭神は、実際の成り立ちや実際に鎮座している神様と違っていることが多いので、名前が書かれていても猿田彦の神様が本当にいる可能性は低いです。

とりあえず、当たってくだけろの精神で「猿田彦の神様～！」と連呼しまくりました。何回か叫んだところで出てきてくれたのですが、そのお姿が……なんと、天狗なのです。ひ～え～！　天狗だったんだ！　と大きく驚いたのにはわけがあって……猿田彦の神様は一般の天狗ではないのです。

まず服が違います。大天狗やカラス天狗は修行をしているからか、修験道の山伏みたいな格好をしています。高い下駄も履いています。

けれど、猿田彦の神様は仙人みたいな、魔法使いのおじいさんみたいな服を着ているのです。袴《はかま》ではなくて、ひらひらっとしたような白い服です。上着も着ています。そして杖を持っていて、ヒゲをはやしています。山伏の雰囲気ゼロなのです。

鼻は大きいです。ですから顔は大天狗ですが、肌は赤くありません。天狗なのに肌色なのです。一般の大天狗、カラス天狗とはもうまったく違います。

そして……全然話をしてくれません。ものすごーく無口なのです。

「是非、お話を聞かせて下さい！　お願いします！　どうか！　お話をーっ！」

ワーワーギャーギャー騒ぎまくってお願いをしたあと、質問をしました。

「神様は天狗、ですよね？」

失礼な質問だったかもしれませんが、一番聞きたいことを確認しました。

「龍ではないし……稲荷でもない。そういう意味では天狗かもしれぬ」

「はぁ……」

なんとも理解に苦しむ答えです。どうやら、大まかな分類でいえば天狗という種類になるけれど、普通の天狗とは違う、ということみたいです。
猿田彦神様は修行もしていないそうです。そこも一般的な天狗とは違っています。
「天孫降臨で道案内をしたということで、転じて道を開く神様、道開きの神様と言われていますが、そのへんはどうなのでしょう？　道を開く＝開運、これがごりやくなのか、それとも無事に行って帰ってくるという道案内からの旅行安全がごりやくなのか、そのあたりを詳しくお聞かせ願えますか？」

「お前は……」

「はい」

「伊勢の猿田彦神社に行くのではないか？」

「ええ、行きます」

「そこで聞け」

「えええーっ！」


つ、冷た！　というのが正直な感想ですが、この神様は冷たいわけではなく、このような性質みたいです。優しくなくて、親切でもない、おまけに無口で……普通の神様とはちょっと違うのです。孤高の仙人という感じがします。

ちなみに肌色の天狗は、彌彦《やひこ》神社奥宮がある新潟県の弥彦山で会ったことがあります。その天狗は気さくに話しかけてきて、風とともに去っていきました。猿田彦の神様と関係がある天狗なのかどうかはわかりませんが、色が違う天狗もいるのです。

## 【尾張猿田彦神社】

愛知県一宮市奥町風田67－1

駐車場が広いです。車を停めて、神社のほうへ歩いて行くと、そこに大きな絵馬がありました。その絵馬に天狗が描かれていて、猿田彦の神様は天狗である、というのは定説なんだ～、とちょっとビックリしました（記紀に天狗を連想させる記述はありますが、私にその意識がなかったからです）。

こちらの神社は小さいというか、狭かったです。でも、狭いけれどいろいろ揃えていますす的な、にぎやかな境内でした。池にいた鯉がすごく大きくて堂々と泳いでおり、縁起がよかったです。

拝殿の扉に「戸が開いている時は　上がって　ゆっくり　お参りを」と書かれています。見ると、ちょっと開いていたのでお邪魔しました。

私が中に入ると、巫女さんが外の授与所からツツツーッとやってきて「ようこそ」と言ってくれます。巫女さんも中に入ってきて、拝殿内にある授与所にそのままいます。私が何か購入するかもしれないし、御朱印をお願いするかもしれないので、待機してくれているのです（ちなみに私は御朱印を集めておりません）。

でも、位置的に横からじっと見られている状況ですから、小心者の私はそれだけでソワソワしてしまいます。神様とお話どころではありません。神様よりも巫女さんが気になって仕方ないと言いますか、意識してしまうのです。こっちを見ているのかな〜、と思うと緊張します。拝殿内も狭いので、巫女さんはすぐそこにいるという感覚なのです。

手を合わせて祝詞を唱えた時に、神様が見えました。しかし、小さいです。少し小さめで六所神社の猿田彦神様と同じ服を着た天狗が、私の前を横切りました。質問をしようにも巫女さんがいるので集中ができず……（泣）。

あきらめて拝殿を出ました。出る時は「ようこそお参り下さいました」と言ってくれて、「ほっこりする挨拶をしてくれる神社だな〜」と思いましたが、神様とコンタクトはできませんでした。

結局、見えただけで詳細はわからずです。同じ天狗の神様がいるのですが、でも小さかったです。見た感じでは、ものすごく忙しそうにしていたので、こまめに願掛けを叶えてくれる神様かもしれません。

## 【猿田彦神社】

**三重県伊勢市宇治浦田2ー1ー10**

初めてこの神社を訪れた時は、なぜかコンタクトをしようという気にならず、じっくりと参拝しませんでした。パワーを感じた「御神田《おみた》」（神社の裏手にあります）を見学して、そのパワーをいただいただけで帰ったのです。ですから、神様はわかっておりません。

今回はお話がしたい！　という強い気持ちと、何も聞くことができなかったら猿田彦神社については書けないので、どうか出てきてくれますように、と祈るような気持ちで境内に入りました。

万が一、わからなかったら祈祷をするつもりでしたが、それでも出てきてくれなかったらどうしようという不安もありました。しかし、神様は拍子抜けするくらいあっさりとお姿を見せてくれて、私の不安は杞憂に終わりました。

駐車場から行くと、神社横の参道から入るので、まずそこで木の写真を撮っていると……その時点ですでにお姿を見せてくれていたのです。横道からぐるりとまわって本殿正面に立ち、そこでも写真を撮っていたら、本殿の空間にいてこちらを見ていました。やはり、天狗なのです。大きな天狗のお姿です。

とりあえず、自己紹介とご挨拶をしました。この神社は参拝客が多いので、神前で長々と話ができません。祝詞を唱え、なぜ参拝に来たのかという理由をお伝えして、後ろの人に場所を譲りました。

このあと神社の裏手にある御神田に行くため、本殿の正面にはもう来ないかも？　と思い、先に授与所を見ることにしました。おふだを見ていたら、

「火打ち石を買え」

と言われました。

「え？　火打ち石？　ですか？」

私にとって火打ち石といえば、豊川稲荷東京別院です。お守りを買った時にカチカチッと鳴らして、火で浄化をしてくれるのです。たしかに、家にあったらいいかもしれないけれど……いらないと言えばいりません。

しかも、ですね、高いのです……。たしか、３８００円だったと記憶しています。気軽にハイハイと買える値段ではないし、買ったあとで「いらんかったわ〜」となっても、惜しくない金額ではありません。

私はひとり暮らしですから、出かける時にカチカチしてくれる人はいないし、「やっぱ、いらないかなぁ」とひとりごとを言うと、

「買え」

「いいから買っておけ」

としつこく言われました。神様が「買え」ということはめったになく、買っておいたほうがいいのかもしれない……ということで、結局買いました。

この神社の火打ち石は出かける時にカチカチやると（自分で自分にやってもオーケーでした）、猿田彦神様の波動の入った火が、その日の行く道を全部清めるそうです。つまり、終日安全な道を行くことになります。

カチカチやって火打ち石の火が出るのは一瞬です。パッと出て終わりです。ですから、短い間の火、すぐに消える火、と思うかもしれません。けれど、「魔」や悪いものからすると、一瞬でも、1分でも、1時間でも……その火がついている（燃えている）時間の長さは関係ないそうです。一瞬でも火があれば、強いパワーがそこにあるというわけです。

「火打ち石の火だけが強いのでしょうか？　マッチの火ではダメですか？」

神様によると、マッチの火よりも〝石〟でつけた（作った）火のほうが断然強いそうです。もちろん、見えない世界に作用する力のお話です。物理的な火自体は同じでも、何でおこした火なのかで違うそうです。

その日一日の行く道（家を出て、帰ってくるまでのすべての道です）を清める、祓う効果がある特別な火打ち石、それがここ猿田彦神社の火打ち石です。私の元夫（離婚をしましたが今でも仲よしで、本やブログにも時々登場しています）のように持病がある人に、朝出かける時、背中に向かって火を与えると、その日一日、無事に過ごして帰ってくるそうです。

「では、火打ち石って一家に1個あったほうがいいのでしょうか？」

神様は一家にひとつあったほうがいいと言います。「祓う」効果がある、「清める」効果もある、ということを重ねて教えてくれました。

この時は「どうしてしつこくその効果を言うのかな?」と思っていましたが……その後、新型コロナ感染が拡大しました。祓う、清める、とのことで、猿田彦神様の火はその日一日の行く道にいるウイルスも祓い清めてくれるのかもしれない……と思った私は、買い物などで家を出る時に、カチカチと火花をおこしてから出かけました。

帰宅してからも、念のためカチカチと火花をおこし、それから家の中に入りました。おかげさまでウイルスに感染することなく(たぶん、です)現在に至っています。しつこく「買え」と言ってくれた意味がようやくわかりました。ありがたい神様です。

火打ち石とおふだを購入し、本殿の裏側に行きました。本殿の裏には小さな参拝場所があり、ここもつながりやすかったです。理由はわからないのですが、本殿の裏でつながりやすい神社は意外と多いです。声も聞き取りやすいです。

一旦境内を出るような感じで敷地の外に行くと、御神田があります。この一帯ももちろん神域です。すごく「気」がいいことに加え、エネルギーも満ちています。なんとも言えない気持ちよさが感じられる場所なのです。

御神田の右隣はちょっとした小山になっていて木々が繁っています。石段を3段ほど上がると、昔ここには何かが建っていたのだろうという敷地があり、この土地が格別に心地いいのです。私はこの石段の一番上に座って、30分くらい神様にお話を聞きました。ここでも声がよく聞こえますし、波動もすごくいいものがもらえます。猿田彦神様が目の前に来てくれたりもします。

神様と話をしなくても、ぼ〜〜〜っと座っているだけでマックスにまで癒やされるスポットであり、1時間でも2時間でも座っていたいと思う場所です。

神様はやはり肌色の天狗のお姿でした。天狗についてお聞きすると、顔が赤い大天狗やカラス天狗は自然霊だと言います。龍などと一緒で、自然霊の眷属なのです（ご祭神になっている天狗もいます）。

その天狗とは違い、猿田彦神様は〝神様〟です。最初から神様なのです。

「神話の神様ですから、普段は高天原《たかまがはら》にいらっしゃるのですか？」

時々行く、と言っていました。高天原と神社を行ったり来たりしているそうです。

「おふだからもらえるよい影響は道開き、開運でしょうか？」

ここで猿田彦神様のごりやくを教えてもらいました。この神様は人間が考えているように、道案内の係だったわけではないそうです。

たとえば、自分がいる空間があって、目の前には透明のガラスでできた壁があるとします。向こう側に行こうとしても行くことができません。向こう側は見えているので簡単に行けそうですが、透明のガラス壁が立ちはだかっているので、行こうとすればぶち当たってしまいます。

そっちに行くにはガラス壁を切り開いて、歩ける道を作らなければいけません。壁を切り開き、そこに道を作る、これで進むことが可能になります。猿田彦神様はこのように、空間を切り開くことがお得意だそうです。

それはつまり、言い方を変えると、不可能を可能にする、ということです。この神様には「可能にする」パワーがあるのです。絶対に無理だと思うことを実現させる、本人が望む何かができるようになる、あきらめていたことが可能になる、そういう波動効果があるそうです。

たとえば私が、今から受験勉強をして、医学部に入って、6年間勉強をして、さらにインターンもやって医者になる……これは、誰がどう考えても無理だと思うのではないでしょうか。それ以上に、私自身が「絶対にできない！」と強く思います。

けれど、猿田彦神様の波動を毎日毎日浴びていたら、徐々に「可能」になっていくのです。

医学部に合格するとか、そういう話ではなく、無理だとあきらめていた本人が本気でやる気になる、努力できない性格だったのが熱意をもって頑張れるようになる、根気がつくなど、そういうことです。「可能」となる発端を手に入れる、完全に不可能で可能性が0％だったのが、0％ではなくなるということです。

人間は頑張ればできるのです。事実、高齢になって医学部に入学した人もいます。「無理」と、はなからあきらめたり、やる気や根気がなかったりすると、「可能」をみずから「不可能」にしてしまいます。

自分自身をよくする、向上させる、大きくする、高める、可能にする、そのような波動を持った神様なので、自分を輝かせたい人におすすめの波動です。

「運がよくなるということもありますか？」

開運は〝願掛け〟をして、神様が叶えるものだそうです。おふだの波動を浴びたからといって開運するのではなく、願掛けで神様にお願いをして、神様が開運させる、そのような仕組みになっています。

境内社に手を合わせたら女性姿の神様が見えました。猿田彦神様によるとこの神様は大昔に人間だったそうで、猿田彦神様に舞を奉納していた人らしいです。亡くなってからもその仕事をしたいということで神社にいるそうです。舞を舞うことが大好きな神様なのです。

「読み書きもできて、文才もあるぞ」

「昔の女の人なのに読み書きができたんですか？」

「うむ。お前の仕事をよい方向に導く」

「うわーっ！　本当ですかっ！」

あわててお願いをしました。文章を書く人だけでなく、字がうまくなりたい人にもごりやくがあるそうです。

ここにいる猿田彦神様が全国すべての猿田彦神社、もしくは勧請された境内社に行ってい

## 猿田彦系神社

### 波動の効果

不可能を可能にする

・自分自身を好転させる

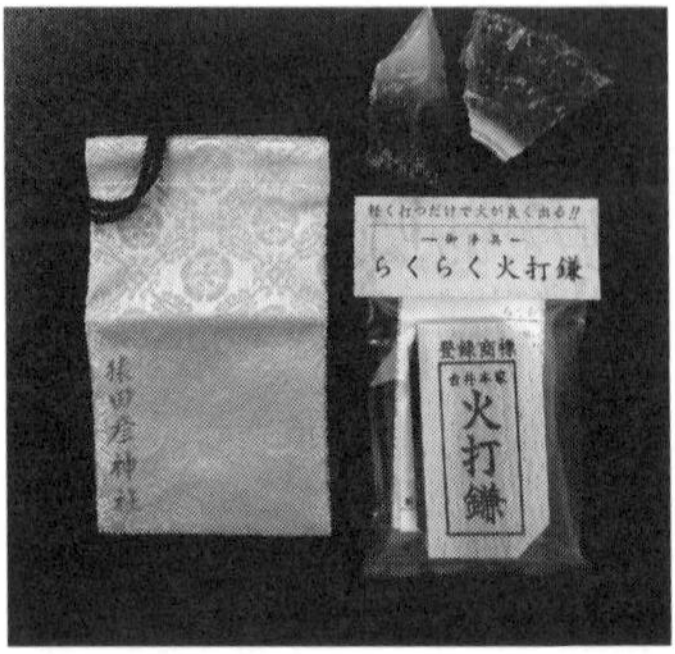


るわけではありません。地域の氏神様が鎮座しているところもありますし、猿田彦神様と同じ系統の神様（肌色の天狗姿の神様です）がいるところもあります。猿田彦神様の眷属がいるところもあるそうです。

三重県鈴鹿市にある椿大神社《つばきおおかみやしろ》も由緒ではご祭神が猿田彦大神ですが、この神社がある山には山岳系神様がいて、社殿には一の眷属である強い龍が鎮座していました。統一されているわけではないのです。

同じ系統である肌色の天狗の神様や、猿田彦神様の眷属がいる神社だったら、波動は同じですから同じ効果があります。

## 日吉、山王、日枝系の神社

### 【飛騨《ひだ》山王宮《さんのうぐう》日枝《ひえ》神社】

**岐阜県高山市城山１５６**

大きくて静かな神社です。けっこう古くて、お稲荷さんのお堂も立派でした。

神様におふだの話を教えてもらおうと思い、かなりチャレンジしたのですが、返事がありません。返事がなければ、それはもう仕方がないので、石段を下りていると……見えない世界の猿が集団で足もとにやって来ました。もちろん、眷属の猿です。その猿たちがお見送りというか、先導するように私の前を歩きます。

山王神社には本当に猿の眷属がいるんだな〜、とまじまじと観察させてもらいました。猿たちのあとを歩いていきつつ話しかけてみましたが、不思議なことに猿もしゃべりません。

境内の富士社から本殿を見た時に、「日吉大社の東本宮系の神様だ〜」ということは、わかったのです。西本宮ではありません。波動が違うのです。東本宮系だとはっきりわかる神様でした。

しかし、話をしてくれないのです。この神社の神様は眷属に猿がいるということを示してくれただけでした。

あちこちの神社をまわっていると、このような神社にも出合います。神様がいるのに話をしてくれないのは、決して意地悪でも、私が気に入らないからでもありません。話を聞く時期が今ではない、将来別のテーマでふたたび来る、聞きたいその話は別の神様に聞いたほうがよい……など、正当な理由があるのです。

ということで、神様にお礼を述べて次へと行きました。

## 【山王宮日吉神社】

**福井県大野市日吉町16－5**

一の鳥居から入っていくと、そんなに古くない社殿があります。規模も大きくなくて、氏神様クラスの神社です。社殿の前に、お寺にあるようなロウソクを立てるケースが置かれていて、珍しいなと思いました。

拝殿の裏側に行くと、石垣の上に古いお社が2社ありました。左側の鳥居の扁額《へんがく》には「山王宮」と書かれています。いい具合に苔むしていて、狛犬ならぬ狛猿もいい感じです。右側は「道祖神社」と扁額には書かれていますが、中を拝見すると「庚申堂」と大きく表示された提灯がありました。

山王宮のお社には神様がいて、やはり日吉大社の東本宮系の神様です。案内板にはどこから勧請されたのか書かれていませんが、神様は日吉大社の東本宮から来られています。西本宮ではありません。

日吉大社の西本宮は明らかに普通の神様というか、明るい感じです。東本宮は半分静かで、どっしりと落ち着いているのです（『神様と仏様から聞いた 人生が楽になるコツ』という本に詳細を書いています）。今でも「半分仏教」なのが東本宮です。

ここの神様も仏教の色があります。祝詞を唱えたらやっぱり猿の眷属がひょこひょこっと出てきました。「日吉」とか「山王」とかを意識して祝詞を唱えたら猿が出てきます。

神様によると、日吉大社の東本宮の神様は、もともと比叡山の神様だったそうです。最澄さんが比叡山に来て、大規模なお寺を建てて仏様の山にしたため、仏様の仕事を半分手伝うようになったと教えてくれました。

私は台湾に取材に行った時に、神様の仕事をしている多くの仏様に会いましたが、どうやらそれは東本宮の逆バージョンだったみたいです。東本宮の神様は神様でありながら、仏様の仕事を手伝っているそうです。

「日吉大社に行ったことはあるのですが……神様とコンタクトはできませんでした……」

「次はできる。行くのであろう？」

「はい、２日後に行きます」

「そこですべてがわかるはずだ」

日吉大社東本宮は神様と仏様の仕事が半々で、ここの神様もそうらしいです。仏様の雰囲

気がたしかにあります。神道のみのカラッと明るい神社という感じではなく、ちょっと次元を変えているというか、若干重たいというか、そういうご神気です。

そこまでお話を聞いて拝殿の前に戻ったら、ロウソクケースに火のついたロウソクが数本、奉納されていました。地元の方に愛されている神社のようです。

猿の眷属は日吉（山王）神社でしか見たことがありません。ということは、他の神様は猿を使わない、もしくは、猿は他の神様のところに行かない、ということです。なんでだろう？　とは思いましたが、すでに車に乗るところだったので、そのまま次へ行きました。

## 【日吉大社】

滋賀県大津市坂本5ー1ー1

到着した時は「ゲリラ豪雨？」というほどの土砂降りでした。到着する30分ほど前から激しく降り始め、雨が道路に当たって跳ね返り、それが車の高さまで上がっていました。車体に当たる雨も激しいため、前を行く車の周囲が真っ白に見えるという状態だったのです。テールランプをつけていなかったら、車がよくわからない、というくらいの豪雨でした。うわー、この中を参拝するのはキツいな〜、と尻込みをするような天気で、神社の駐車場に到着した時も文句なしの土

砂降りでした。久しぶりに穂高さんを呼ぼうかなと思ったくらいです（穂高さんとは穂高連峰にいる龍のことです。お天気を変えてくれます。最近は忙しいようなのでお天気を変えるくらいでは呼ばないようにしています）。

車のエンジンを止めて、上着を着て、カメラの用意をしていたら、いきなりふわっと小降りになりました。降っているかどうかわからないというくらいの小雨です。「ああ、ありが

たい！」と、急いで車から降りました。

写真を撮りながら参道を歩いていて、他の参拝客がまったくいないことに気づきました。ひとりもいないのです。それまで集中豪雨だったせいで、参道はスカッと無人でした。

まず西本宮に行きました。やっぱりここの神様は明るくて、いわゆる普通の神様です。お話を聞きたいと思いましたが、ご挨拶だけにして、東本宮へと急ぎました。途中にある境内社もすべてスルーして……スルーといっても門番のような狛犬が見ていますから、「東本宮の神様のお話を聞きに参りました」と、参拝目的をお話しつつ歩きました。

こうして東本宮に到着しました。東本宮内に入ると、そこには仏教の色があり、経文が空間に存在していることを感じます。前回の参拝時とまったく同じです。落ち着いた聖域感がすがすがしくあるのです。

しかし！　またまた前回同様、コンタクトができません。うわ、やっぱり神様はここにおらんやん……と思ったのですが、「ご神気」はあります。神様の波動もあります。でも、わからないのです……。歩きながらとりあえず写真を撮りました。

奥にあるお稲荷さんのお社に行くと、相変わらず黄金色のお稲荷さんがいます。手を合わせて祝詞を唱え、お久しぶりでございます、とご挨拶をしました。

「おぉ、元気にしていたか?」

このお稲荷さんは1回きりの参拝でもかまいません。喜んでもらえます。ただ、初回参拝でいきなり願掛けをするのはダメだそうです。願掛けをしたい人は何回か通ってからにします。でも、キツい性質ではなく優しい神様ですから、緊張はしなくても大丈夫です。

お稲荷さんに、「ここの神様について教えて下さい」とお願いをしました。おふだの波動について聞きに来たのですが、神様がわかりません……と正直に言うと、

「今、ここにはいない」

とのことで、ああ、やっぱりと思いました。

東本宮の神様は普段は比叡山のほうにいるそうです。この神様は山岳系神様ではなく、古い「山の神」だそうです。大昔から山にいた神様ですから、強くて大きな神様であり、パワーもあります。

そのような神様だけど考え方がとても柔軟で、この神様が見えない世界での〝神仏習合〟というシステムを最初に作ったそうです。初めて仏教を容認した神様といいますか、仏教

を受け入れて神仏習合となった初代の神様だそうです。

「へぇぇぇぇーっ！　そうだったのですね！」

お稲荷さんの話は続きます。仏教が日本に入ってきて、その後しばらくたってから比叡山にお寺が建てられることになった、それまでの比叡山は神の山だったが仏の山になる……。

そうなった時に、仏教を拒否する、仏教を避けて山から去るということを、東本宮の神様はしませんでした。仏教を受け入れ、神仏習合を確立しよう、という方向に動いたそうです。

そのように積極的に受け入れた最初の神様が東本宮の神様だったのです。

ああ、なんて素晴らしい神様なのだろう、と感銘を受けました。

「お会いしたいです！」

「呼ばないと来ないぞ」

いつもは比叡山にいるとのことですが……私が比叡山に行った時、神様はいませんでした。仏様の山だから神様がいないことを疑問に思わなかったのですが、東本宮の神様がいつも比叡山にいるのなら、なぜ見えなかったのか……と、ここは不思議に思いました。

お稲荷さんは本当に優しくて、いろいろと教えてくれました。話のついでに、私の本を読んだ読者さんがけっこうお参りに来る、ということも、嬉しそうに報告してくれました。読者さんはとても礼儀正しくて、あたたかい心を持った人ばかりであるとニコニコしていました。それを聞いて私もすごく嬉しかったです。

お稲荷さんとの話を終えて、比叡山に向かい、

「神様〜っ！　どうかここに来て下さーい！」

と、お呼びしたら、一番奥の社殿の上空に現れてくれました。

「いつも比叡山におられるのですか？」（余談ですが、話をする前に来てくれたお礼はちゃんと言っています）

「うむ」

「私が以前ここに来た時も、比叡山にいらっしゃったのですね」

「そうだ」

前回参拝をしたあの日、私が日吉大社に来ていることは知っていたそうです。その時、私が神様方に話を聞いていたのは別のテーマだったため、会うのは今回ではない、と山から降りてこなかった、ということでした。

「仏教が日本に入ってきた時、どう思われたのでしょうか？」

外国から仏教が入ってきたその時に、仏様は日本にもとからいる神様とは種類が違う、ということは即座にわかったそうです。そして、仏教がのちにこの国で、人間を救う宗教になる、ということもすでにその時点で見えていたと言うのです。

それは人間にとってよいことであり、さらに「人間を救う」という部分では、仏様も神様も思いは一致しています。だから排除するのではなく、避けるでもなく、ラインを引いたり、溝を作ったりもせず、一緒になって人間を救おう、と考えたそうです。

宗教の違いにこだわらず、協力して人間を救おうと考えたこの神様は、仏教に慣れる、馴染むためにご自分でものすごい努力と修行をされています。

「仏教に半分、染まるという修行ですか？」

「そうではない」

神様の世界とは違う仏教独特の部分を受け入れる、その修行だそうです。つまり、「受け入れる」だけでも、かなりしんどいわけです。そのために努力をされています。だから今、仏の山にも常時いられる、とのことでした。

「それは『死』などの穢《けが》れにも慣れないといけないってことでしょうか？」

「そうだ」

ひ〜え〜！　それは大変だな、とここで感覚的に理解ができました。

「最澄はよい仏だぞ」

突然、最澄さんの名前が出たので驚きました。私が東本宮に来たら、「話をしてやって下さい」と頼まれていた、と言うのです。

「そうだったのですね！」

最澄さんはあとに続く者（仏教に限らず神道を信仰していてもスピリチュアルな人でも、仏様が大好きな人、仏様を知りたいと心から願う人のことです）に対して、本当に優しいです。こうして見えないところでも応援してくれていたのです。感激しました。

最澄さんに頼まれてはいたけれど、前回の参拝は取材のテーマが違っていたから、会うのは今回ではないと判断した、とのことでした。

日吉大社〝東本宮〟のおふだの波動は「心が平安になる、心が安定する」とお稲荷さんが教えてくれました。外国の宗教を受け入れようという大らかな神様の波動です。それは人間のイライラした気持ちなどを抑えると言います。落ち着くらしいのです。

神様も同じことを言います。さらに、状況を判断する、分析する、何かを選択する、という能力も向上するそうです。それにより勝負強くなります。受験やビジネスで「ここが勝負！」という時に力を発揮できるようになるわけです。

「日本全国の日吉、山王、日枝神社系は全部、そうなのでしょうか？」

「ワシのもとから行っている神はそうだ」

東本宮の神様のところから他の神社に行っている神様は波動が同じだそうです。由緒がこの神社系列となっていても、地元の神様が入っている、ということもあります。そういう神社はその神様独自の波動が入っています。

ちなみに同じ日吉大社でも西本宮にいるのは別の神様なので、波動は違います。西本宮の授与所で購入したおふだは西本宮の神様の波動が入っており、東本宮の授与所で買ったおふだはこの神様の波動が入っています。ですから、本書で紹介した波動の効果がほしい人は東本宮の授与所でおふだを購入します。

あ、そうだ、東京の赤坂にある日枝神社のことも聞かねば、と思って質問をしました。

「東京の日枝神社も同じ波動の効果がありますか？」

日枝神社は独自に進化しているというか、成長しているというか、個性的になっているそうです。だから、ここ東本宮とは波動が違うとのことでした（ちなみに日枝神社は東本宮から勧請された神社から、さらに勧請をされています）。

「聞くことはそれでしまいか？」

ハイ！　と元気にお答えして、お礼を述べると、

「気をつけて帰れよ」

最後ににっこりと微笑んでくれました。根っから優しい神様なのです。神様が比叡山に帰る直前に、

「今、聞いたお話をうまくまとめられますように！」

と、最後に叫んだら、ほろほろと丸く笑っていました。包容力のある、ふところの深い神様です。よい参拝をさせてもらえた〜、と嬉しさでつい微笑んでしまうという状態が、しばらく続きました。

## 日吉 山王 日枝 系神社

心が安らかになる。安定する
・判断を下す能力や分析力が向上する→勝負強くなる

### 波動の効果

# 住吉系の神社

## 【住吉神社】

**東京都青梅市住江町12**

静かな神社で高台にあり、境内社もいくつかありました。私の参拝中、参拝客はまったく来ずで、のんびりさせてもらいました。

この神社は、境内社のお稲荷さんの力がものすごく強いです。

まず本殿でご挨拶をすませ、本殿の神様のお話を聞く前に、パワーがうわ〜っと漏れていた稲荷社に行きました。どうしてこんなにパワーがあふれているのだろう？　と思ったからです。お稲荷さんにも丁寧にご挨拶をしてお話を聞きました。

このお稲荷さんは尻尾が７本あります。祝詞を唱えていたら出てこられました。

「私には尻尾が７本に見えているのですが、間違えていませんか？」

「うむ」

尻尾が多いお稲荷さんは、自然界の精霊のままでいる、というイメージがあります。「善」ではないほうの世界にも顔を出せるし、そちら方面の力も使える……ニュートラルな存在、それが精霊です。妖精とか妖怪とか、そのあたりの存在と同じですが、キツネ姿の精霊は妖狐《ようこ》とか霊狐と呼ばれることもあります。

牛頭《ごず》天王も両方の世界に顔を出し、どちらの力も使えますが、牛頭天王とは存在がまったく違います。118ページで紹介している「稲荷色」が濃いお稲荷さんとも違うのです。

お稲荷さんの「善」ではないほうの世界というのは、最近わかったのですが、お稲荷さん特有の「妖《あやかし》」の世界というか、「邪」の世界というか……。一般的な「魔」ではありません。あくまでもお稲荷さんの「善」ではない世界なのです。そちらの力が使えます。

キツネ姿の精霊は、尻尾が多いタイプと、尻尾は１本だけれど半分から先が割れてふわふわとそよいでいるタイプがいます。どちらも修行をしなくても、もともと大きな力を持っている自然霊のお稲荷さんです。

この2種類のお稲荷さんは妖パワーを大きく使えますが、121ページに書いたように妖色がついているわけではありません。パワーだけを使うのです。ですから、意地悪ではないし、怒りっぽくもありません。

「九尾の狐を知っているか？」

「はい」

九尾の狐のお稲荷さんは、精霊のお稲荷さんの中でも別次元の力を一番使えるそうです。尻尾の数でその濃度、妖の世界に馴染んでいる度合いが違います。7本も尻尾があると、かなり向こうの濃度が高いということです（パワーの濃度です。性格の話ではありません。お稲荷さんの説明は難しいです）。

ここで疑問が湧きました。7本も尻尾を持っていて、自由に別次元に行けるし、そちらのパワーを使いたいように使えるのに、どうして神社の境内社なんかにいるのだろう？　と思ったのです（こういう言い方は失礼かもしれませんが、本殿にご祭神としているのではなく、鎮座しているのは小さな境内社なのです）。

お稲荷さんは爽やかな口調でこう言います。

「人間を助けてやりたい、困った人々に手を貸してやりたいという気持ちがあるからだ」

経済的なことだけでなく、健康面や人間関係など、総合的にサポートをしようと思っているそうです。

「神様がそう思われていても、お金をなんとかして下さいという……お金のお願いしかされないのではありませんか？」

「フフフ」

笑っているところを見ると、金運のお願いが多いみたいです。

七尾のこのお稲荷さんは、若干厳しめですが、いろんな願掛けを叶えてあげたいと思っています。目立たない境内社ですが力は強いです。神格も低くありませんし、何をお願いしてもオーケーです。


本殿の神様は女性のお姿で出てこられました。武家のお姫様みたいな服装をしています。本当にお姫様だったようで、家来でしょうか？　お付きの者？　眷属？　と判断が難しい男性姿の存在がひとりいます。神様は住吉大社から来たそうです。

住吉系列の神社の波動は、住吉大社の4つあるお社のうち、どの神様から派遣されたかによって違うそうです。微妙に違う、とのことです。ここの神様は第4殿から来られていました。

おふだについてお聞きすると、

「住吉大社のふだか？」

と、逆に聞かれました。今回の取材では大阪の住吉大社まで行く時間がなかったので、ここで教えてもらうことにしました。

「はい、住吉大社でお願いします」

「あの神社は4つの社があるが、ひとつの神社となっているだろう？」

そうなのです。住吉大社には大きな4柱の神様がいて、社殿も4つありますが、ひとつの神社なのです。

「神々には個性があっただろう？」

「ありました！　ありました！」

どの神様もパワーがあって個性がありました。それぞれの神様が神社のご祭神として祀られてもいいのに、その4柱の神様をまとめてひとつの神社としているのです。

住吉大社のおふだには、4つの異なった波動がうまくまとめられている、と言います。その波動を浴びることによって、本人の中のバラバラなものが統一される効果があるそうです。たとえば、気の合う同僚がいて、人としては好きなのだけれど、同僚のほうが仕事ができる、だから時々くやしく思う……時には憎いとさえ思ったりもする、でも嫌いじゃない、２人で飲みに行くと楽しい、というバラバラな気持ちがある人は、感情がよい方向に統一されます。同僚は仕事ができる人だ、と素直に認めることができて、自分も頑張ろうと前向きになれます。

部屋が散らかっているとイライラする、でも掃除が好きではないので、散らかしっぱなしにしてしまう、探し物が見つからない時は爆発しそうなくらいムカつく、という心と行動がバラバラなパターンでもうまく統一されていきます。散らかっていてもイライラしないのか、掃除を面倒と思わなくなるのかは人によります。

住吉大社の波動は、ひとつにまとまる、ひとつになってうまく収まる、そのような効果があるそうです。悩みがぐちゃぐちゃといくつもあって、あれもこれも「キイィィー！」という時に、それがひとつにス〜ッと収まる、みたいなこともあるそうです。

周囲にとけ込む、馴染む、という波動も入っていると言っていました。

## 【安住《やすずみ》神社】

### 栃木県塩谷郡高根沢町上高根沢2313

スカッと開けた感じの土地にあります。周囲が広い田んぼや畑で、そこにポツンとありますが、周囲の木々がもっこり丸く固まっているので、遠くから見るとなんだか可愛い、という印象です。

境内はそんなに広くはありませんが、看板がいっぱいあってにぎやかです。「方位除《よ》けとは」「建築儀礼とは」「安産祈願とは」などの説明が、カラフルなイラスト入りで書かれています。

祝詞で出てこられた神様はもとから神様のタイプで、イメージ的には天女です。平泉寺《へいせんじ》白山神社の三宮の神様も身にまとっていた、下からふわふわ〜っと上がっているたすき？　リボン？　みたいなものも一緒に見えました。

住吉大社から勧請しているようで、第4殿から来られたのでは？　という神様です。いろいろとお聞きしようと思ったのですが、朝だったせいか、巫女さんや神職さんがあっちへ行っ

たりこっちに来たりと忙しく働いていました。移動する時にチラチラと見られるので、ものすごく緊張します。もちろん、集中はできません。

長々といたら変なやつと思われるかな？　いや、もしかしたら、写真を撮り過ぎだということで注意しようと思っているのかもしれない……と、まぁ、そういうことをあれこれ考えてしまうので、神様とのコンタクトが難しいのです（泣）。

この神社の境内には「バイク神社」もあります。授与所の裏側にスペースが作られていて、木彫りのオブジェと石のお社が2つ置かれていました。囲いとなっている壁に、参拝に来たライダーの写真がたくさん貼られています。ものすごい数だったので、ライダーの方々の間では有名な神社なのだと思います。

バイク神社のあたりだと関係者の人に注目されないので、ここで本殿の神様にお話を聞くことができました。

「住吉大社から来られたのでしょうか」

「うむ」

しかし、住吉大社の「気」とは全然違います。詳細をお聞きすると、この土地で独自に進化というか……変化をしたそうです。神様はバイク神社のほうにも大きく力を入れているので、独自の波動になっているのです。住吉大社の「気」はここにはありませんでした。そういう意味では、住吉系列からは、はずれています。

たぶん、ここに来た当時は住吉大社の波動で、神社は住吉大社の出張所みたいな感じだったのだろうと思います。それが徐々に地元と融合して、今はバイク神社、安産神社、みたいな独自の神社となっています。新しい神社と言ってもいいくらいです。

現在、一番力を入れているのは交通安全だそうです。昔は別の得意分野があったみたいですが、今は自分のことを信じて遠方から来てくれるライダーのために、交通安全を頑張っていると言っていました。

「えっと、でも、安産がメインのように書かれていますが？」

安産も、「道を無事に通る」「安全に通過する」ということで同じだ、と言われました。

「あっ！　本当にそうですね！　なるほど〜」

自分がこれから行く道、その道中が無事である、そういうごりやくだそうです。もちろん、他の願掛けも叶えてもらえますが、こちらが専門のようです。

神様はこのように人間の信仰次第で専門を変えてくれます。たとえば、「この神様は縁結

び専門！」と、多くの人に縁結びばかりをお願いされると、「あ〜、わかったわかった。縁結びに力を入れよう」と縁結び専門になってくれるのです。パワーある海の神様なのに、婦人科専門になっている神様もいて、神様というのは深い愛情を惜しげもなく人間にそそいで下さる、ありがたい存在だなと改めて思いました。

ここでの交通安全、安産祈願は、「願掛け」でお願いをします。おふだを置いているから交通安全が叶うというわけではありません。それは神様に直接「お願いする」ことなのです。

おふだの波動は住吉系神社から変化していますから、生活や経済状態が「安定する」という効果になっています。

住吉
系神社

・バラバラなことがうまくひとつにまとまる
・どこにでも誰にでも馴染める柔軟さが身につく

波動の効果

【住吉神社】

東京都中央区佃1−1−14

この神社は住吉神社ですが、住吉大社からの勧請ではありませんでした。私はすべて住吉大社からの勧請だと思っていたので「違う」と言われて驚きました。大阪にある「田蓑《たみの》神社」から来られているそうです。

そういうわけで、住吉大社とは系統が違う住吉神社もあるというご報告です。

# 山岳系の神社

## 【小國《おくに》神社】

**静岡県周智郡森町一宮3956-1**

鳥居の手前の左側にお店が何軒かありました。私が参拝した日は日曜日だったからか、多くの人でにぎわっていました。お土産やお菓子が売られていて、カフェもあったみたいです。

明るい雰囲気だったので、ちょっとのぞいてみようかなと思ったのですが、雨が降っていたし、混雑していたので今回はパスしました。小規模のお祭りみたいな雰囲気で楽しめそうでした。

参道の両脇にある木が高いです。その高い木々が参道をやわらかく包んでいる、守っているという神社です。

ここの参道を歩いている時に、ふと霧島神宮を思い出しました。「気」が似ているのです。霧島神宮の奥宮がある山の「気」と似ています。そのような格の高い「気」をたくさん浴びられる参道なので、木々を見上げながら歩くことがおすすめです。

拝殿の鈴は小さな鈴がたくさんついていて、しゃらしゃらと上品な響きでなごませてくれますし、授与所には、宝物が描かれた絵馬が売られていました。この絵馬が縁起物だったので迷わず買いました。

神様は山岳系です。ですから、願掛けはなんでもオーケーです。

おふだの効果をお聞きすると、この神社の神様は買う人に合わせて波動を入れている、と驚くことを言います。もともと入っている波動に、ちょっぴり加えているそうです。

それはこの神様の優しさであり、参拝客ひとりひとりを大切に思うお気持ちの表れです。カスタマイズされたおふだになるわけですから、大変貴重ですし、できれば持っておきたい1枚です。

ひとくちに波動といっても、強い神様と弱い神様がいます。おふだに同じ量の波動を入れたとしても、神様によって強いおふだと弱いおふだができるわけです。

山岳系神様の波動はパワーが強いため、「災厄」や「魔」を寄せつけません。山岳系神様のおふだからもらえるよい影響は厄除けなのです。禍々《まがまが》しいものが寄ってこない、そういうものを避ける、はね返す効果があります。

境内に縁結びのご神木があったので行ってみました。エネルギーに満ちあふれた、たまに龍がそばを泳ぐ、という木です。龍は清い水が好きなので、そのような水があるところにはよく行きますが、ご神木のそばを泳ぐこともあるのです。

「縁を結ぶことができるのですか？」

と、ご神木に聞くと、

「できない」

という返事があっさりと返ってきました。でも、人と仲よくなるエッセンスをくれますから、それをたくさんいただくことで、出会ったあとによい効果があるようです。

ここには龍もいますし、パワーある大きな神様もおられます。願い事はなんでもオーケーで、縁起物の絵馬もあります。おふだはその人に合わせて波動を入れてもらえますし、厄除けまでできるというありがたい神社です。

## 【伊奈波《いなば》神社】

**岐阜市伊奈波通り1−1**

境内に入ると石段が上へと続いています。てくてく行くとまず楼門があって、そこをくぐったらまた石段が上へと続いており、神門があります。一直線に上るのではなく、段階的に上に行くようになっていました。

私が行った日だけだったのかもしれませんが、参拝場所は神門のところです。神門に柵が置いてあって、そこから奥（拝殿）へは行けませんでした。

拝殿はどっしりと大きくて立派な造りです。斎藤道三公が自分のお城を作るために、神社をこの場所に移転させたそうで、その負い目があるからかな、と思いました。勝手に移転して神様に叱られても困るし、祟《たた》られたらイヤやわ〜、機嫌が悪くならないようにちょっと豪華に造っとこか、といったところでしょうか。

神門の下には境内社がいくつかあります。中段のところに「黒龍神社」がありました。読者さんが言っていたのはこの神社だな、と思いました。

ブログを始めて間もない頃に、この伊奈波神社に関する質問をいただいたことがあります。もともとこの山にあった黒龍神社よりも、斉藤道三公が移転した神社が上になっている、龍神様は怒っていないのか……また、参拝順序はもとからいる龍神様が先でいいのだろうか、という内容でした。

私は当時、関西に住んでいて伊奈波神社のことはまったく知りませんでした。斎藤道三公がそのようなことをしたことも知らず、というか、そのお城（稲葉山城）についても知識がありませんでした。なので、移された神様がどれくらいの大きさの神様なのか想像もつかなかったのです。

もともとあった強い神様がいる神社の上に、氏神様クラスの神社が造られたら……それはどのような状態になっているのだろう、と興味が湧きました。しかし、岐阜まで行く交通費が捻出できず……このメッセージは心の中にしまっておいたのです。

まずは神門でご挨拶をしました。神様は確実に山岳系ですが……ここにはいないっぽいのです。もしかしたら、神社はここに移転されているけれど、神様はもとの場所にいるのかもしれません。祈祷をするとか、眷属に呼んでもらえば来てくれるシステムのように思いました。

次に黒龍神社があるエリアに行き、他の境内社はスルーして黒龍神社に祝詞を奉納したら、黒い龍が出てきました。いきなり目の前にスッと来たのです。アゴを引くような感じで、大きな顔がドーンと目の前に現れました。そして、じーーーーっと私を見つめています。

本当に黒龍がいる神社です。龍の神社となっていても、龍神ではなくヘビの神様がいるところが多いので、期待せずに手を合わせてみたのですが、そのへんの気持ちを見られていたのかもしれません。

まずは読者さんの質問である、このお社の上にあとから神社が建てられて、いい気がしないのではないか、ということを聞いてみました。

「かまわない」

まったく問題ない、という返事です。へぇ～、と思っていると、

「あとから来たのは平地の神ではなく、山の神（山岳系神様）だからだ」

と言います。

山岳系神様ですから神格は高いです。そのような神様なので、お社の位置が下になったからといって自分の格が下がったとか、軽い扱いを受けたとか、そのようなことは思わないそうです。

この黒龍もずっとお社にいるわけではありません。このあたりから北方の山の上を泳いでいて、時々この社殿に来る、みたいな感じです（願掛けをされたり、呼ばれた時も来るそうです）。

昔はたま〜にしか来なかったそうですが、その姿を見た人がここにお社を作って祀ったそうです。祀られてはいるけれど、じ〜っとお社にいるのではなく、時々来る程度ですから、上に新しく社殿を作られてもどうってことはない、と気にしていないのです。

さらに、上に来たのは山岳系の神様です。神格が高いのでまったく問題なく、自分が下に見られたとかそういう考えはさらさらないそうです。非常にスッキリ、サッパリ納得していました。変なプライドや縄張り意識がないのは、黒龍も神様だからです。

お話を聞きつつ、じーっとひとつの境内社を見ていたら、

「そこはもう入っていない」

と言っていました。他の境内社はいろいろと事情があるみたいです。

残念ながら、神様のお話は聞くことができませんでした。斎藤道三公のお城があったところに実際に行ってみなければ、たぶん詳細はわからないと思います。

これは私の推測ですが、神様は今もそこにいるのではないかと思います。

お城ができたくらいで、また、社殿を移転されたくらいで、山岳系神様が「じゃあ、こっちに移るわ〜」と、居場所を変更することはないからです。人間からあっちのほうへ行ってくれと言われて、「はい、わかりました」と自分のいる場所を変えるほど、山岳系神様の神格は低くありません。

祈祷をしたり眷属に呼んでもらえばここに来てくれるでしょうし、この神社でお願いをしたことや、お話をしたことはしっかり伝わっていると思います。そのための眷属がたくさんいるからです。

この神社の神様に会ってお話を伺うのは、斎藤道三公をからめたテーマの時だろうと思います。おふだの効果というテーマで会うのはちょっと違う、と思われているのかもしれません。

ちなみに黒龍の力は強大です。パワーあるご祭神が2柱いると言ってもいいくらいの龍神ですから、こちらに願掛けをしてもいいと思います。

## 【水無《みなし》神社】

### 岐阜県高山市一之宮町5323

この神社は高山市をあちこちまわった日の最後に行きました。この日は早朝に岐阜駅から出発して高山駅まで行き、レンタカーを借りて、参拝をしまくりの歩きまくりで、最後にこの神社に到着した時は疲れ切ってへろへろでした。

この神社も山岳系の神様です。スカーッと広い境内で土地にパワーもありました。疲労が激しかったのと、夕方だったため、突然コンタクト不能となるかもしれず、とにかくおふだ！　先におふだのことを聞かねば！　と、波動の効果について質問をしました。

ここでも、おふだにはその人に合わせた波動をプラスして入れている、と言います。へぇ〜、それって山岳系神様独特のサービスなのかな？　と思いました。この神社もカスタマイズされたありがたいおふだになるのです。

「山岳系神様の波動は『魔』が寄ってこない、でよろしいでしょうか？」

「それもあるが……」

神様は境内から見える一軒家を指し示します。ごく普通のおうちです。神様はその家の中心に、とても明るくてパワーのある光の玉を置いた状態にして、私に見せてくれました。

「あのように、輝くほどに明るくて力が強いものがあったら、悪いものはどう思うか？」

「私がもしも魔物だったら、この家は避けます」

魔物はキラキラと輝くように明るい、聖なるパワーが苦手なのです。

「では、現在のお前がこの家を見たらどう思うか？」

「私自身だったら……。この家はすごく明るいし、聖なるパワーがあっていろいろと充電できそうですし、癒やしてもらえそうです。何か特別に素晴らしいところなのでは？　と家のすぐそばまで行ってみます」

神様が言うには、よいものにとって、おふだの輝きやパワーは「誘い込むもの」だそうです。おふだの持っている聖なる力が呼び寄せるわけです。

よいものとは何か？　といいますと、人間をパワーアップしてくれる、低迷した状態から救ってくれるエネルギーに満ちた「気」や、心を落ち着かせる、安らぎを与えてくれる爽やかな「気」など、神様の波動と似たものです。そのような「気」に包まれることによって、日々の生活が好転していくわけです。

山岳系神様のおふだにはそのような効力がある、と教えてくれました。教え方がわかりやすいので、もっといろいろと聞きたかったのですが、しんどくて眠たくて限界でした。機会があればもう1回参拝したい神社です。

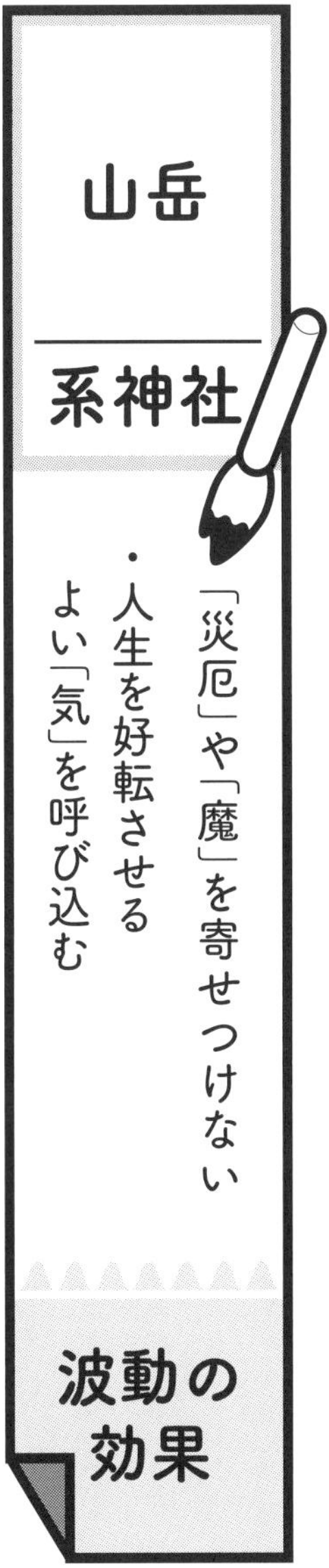
山岳
系神社
・「災厄」や「魔」を寄せつけない
・人生を好転させるよい「気」を呼び込む
波動の効果

# 宗像系の神社

## 【藤切神社】

**滋賀県東近江市甲津畑町214**

けっこう山あいの、それも集落の中というか、集落の端っこにある神社です。ローカルな場所ですから、地元の人しか行きませんせん的な神社でした。

境内に入ると、「ああ、修験道だ」と感じる気持ちのよい空間が広がっています。ものすごくいい具合に苔むしており、木々もしゅーっと高くて、見た目で癒やされる神社でもあります。

拝殿の奥に本殿があり、そこに2つのお社がありました。

「宗像から来た神様だったら、どうかいろいろと教えてください」

と言っても、全然何も聞こえず、シーンとしています。返事がないところをみると、宗像から来た神様ではないようです。

「宗像の神様ではなくても、いろいろとお話を伺いたいので出てきてもらえますか？」

そう言うと、男性姿の大きくて荒々しい神様が現れました。一瞬、「雷神」かと思ったくらいの迫力です。山岳系ではなく、古代からこのあたり一帯（かなり山の中です）を守っている神様で、大地の神様です。

この神社は小さな精霊がものすごーーーくたくさんいます。花の妖精とか、木の妖精とか、水の妖精とか、そういう山にいる小さな妖精・精霊・自然霊の類が、それはもういっぱい集まっているのです。

この精霊たちは、もともとニュートラルな存在で、善にも悪にも傾いていません。ほとんどは山奥の、人間とは無関係なところに存在しています。中には悪に傾いて、人間に取り憑《つ》いたり、障りを起こしたりするものもいますが、この神社にいる精霊たちはみんな、善のほうに寄っています。神社にいるくらいですから、悪いものは一切いません。

神様はそのふところで、この小さな小さな精霊たちを全部守っています。精霊たちにとっては非常に頼もしい神様で、しっかりがっちり守ってもらっている、そんな関係です。

神様は精霊たちを守る、プラス、人間もそのふところに入れて守っています。人間たちを精霊たちとうまく共生させることで、このあたり一帯のバランスを調和させ、どちらも居心地よく過ごせるようにしているのです。

精霊たちのことが可愛くて守っているけれど、人間たちのことも可愛い、だから人間が精霊と仲良く生きているのが心から嬉しい、という神様です。そういう点では一般的な氏神様

とは違っています。かなり格が高いです。

「全然違う土地から、ここにお願いに来るというのはどうでしょう?」

「かまわぬが……どのような願いだ」

「たとえば、病気が治りますようにとか、人生が好転しますようにとかです」

「そのような小さな願いなら、聞いてやる」

え！　小さな願いなの!?　と目が真ん丸になりました。では、大きな願いとは一体なんなのだろう……という質問が頭

に浮かびましたが、厳しくて男っぽい、下手なことを言うと怒られそうな神様なので、これ以上突っ込んで聞くのはやめました（笑）。

願掛けは叶えてもいいということですが、条件があります。お願いをするその人が自然（動物も入ります）を愛しているか、大事にできるかどうかがポイントです。自然を愛している人だったら合格です。

自然をものすごく大切にしている神様ですから、精霊たちは喜んでこの神社にいます。小さな精霊たちは何かあったら即、死んでしまいそうな、消えてしまいそうな……そんなはかなさがありました。

そのような精霊をいとおしく思う、そういう小さな自然にも愛情を持っている、そういう人間がお好きなのです。厳しい、時にはキツい神様だけれど、真の優しさがあります。自然が好きだという人は目をかけてもらえます。

ただ、車は停めにくいです。周囲は民家ですし。車でしか行けないのに、停めるのが困難な場所にあります。神様は宗像系ではないので、波動の話はお聞きしておりません。

## 【天宮神社《あめのみや》】

### 静岡県周智郡森町天宮576

石段の参道を上っていくと、舞殿が一番に目に飛び込んできます。本殿よりも存在を主張しているかのように建っており、後ろの建物とつながっている渡り廊下が斜めに造られているのが、カッコいい〜！　と思える建物です。

定期的に催し物をやっているみたいで、ポスターが貼ってありました。舞などを奉納して、神様に楽しんでいただきたいという神様を思う気持ちが伝わってきます。

本殿で手を合わせて祝詞を唱えると、最初に出てこられたのは、もともとこの地にいる神様でした。なんとなく山岳系という感じがするかと思いますが、正式には地域の神様です。

お話を聞く前に境内を見せてもらうことにして、まず横にあった合祀《ごうし》社の写真を撮りました。説明板には15柱の神様の名前と、その神様がいた神社の名前が書かれています。15柱もの神様がここにいるのだろうか？　と、お社の中を見たら、中にはさらに小さなお社が3つ

置かれていました。

そこに、神様がたくさんいます。11～12柱はおられたように思います。数えていないので正確ではなく、もっといたのかもしれません。つまり……合祀されたのに来なかった、という神様はほぼいないのです。どの神様も合祀をされたら律義に来られるみたいです。

ご挨拶をして祝詞を唱えると、すべての神様がものすごーーーく喜んでくれました。あぐらをかいて座りじっくり聞いてくれる神様や、奥から出てきて、わざわざ私の目の前まで来られ、静かに聞いていた神様もいました。

合祀社は狭いので、多くの神様がそこにいると、なんだか窮屈そうに見えます。そこで、一番手前にいた神様に、

「合祀されたら、どの神様も『行かなければ！』と思うのでしょうか？」

と質問をしてみました。同じような状況を他の神社の境内社でも見たことがあるからです。

「神様って、義理がたいのですね」

と言うと、

「ちょっと違う」

そう言って笑っています。実は、合祀される時はもといた神社（小さなお社のみの神社が多いそうです）が残されることはなく、取り壊されてしまうそうです。合祀される神様はもといた自分の場所……鎮座するところがなくなるので、狭かろうと居心地が悪かろうと、合祀先に入るしかないという事情らしいです。

「そうだったのですね」

神社が取り壊される理由はいろいろとあって、仕方のないことだとは思いますが、なんだかちょっと申し訳ない気持ちになりました。悲しく思われているのでは？　と心配になりましたが、「これはこれで楽しい」とのことです。

どの神様もニコニコと笑っていました。

ただ、合祀されるまではいくら小さくてもお社のご祭神だった神々ですから、その時のように人間のお世話をたくさんしたいそうです。合祀されているお社というのは、摂社・末社です。参拝する人が少なく、願掛けもほとんどされません。そこを少し寂しく思われているようです。

どこかに参拝に行った時に、もしも合祀社があったら、手を合わせて差し上げるといいです。本当にものすごーく喜ばれます。さらに祝詞も奏上すると、神様に「ありがとう」とまで言ってもらえます。

そしてそれは人間によい影響がありますから、合祀社を見つけたら手を合わせることをおすすめします。


奥宮にも行きました。この神社のメインの神様は、本殿で最初に会った地域の神様です。豪胆でサッパリとした魅力のある性質です。話をしっかりと聞いてくれて、取材の目的もふむふむと聞いたあとでアドバイスをしてくれました。

宗像３柱の神様を勧請しているといっても、３柱の神様の眷属がすべて来るわけではないそうです。他の神社でも３柱揃っていないのが普通らしいです。

宗像３柱の神様はおられる場所がそれぞれ違います。どの神社で勧請をしたのかによって、来てくれる神様（眷属）が違うわけです。沖ノ島はきつい神様なので、来る眷属も厳しいと思われます。

ここにいるのは、３姉妹の末の妹とされる神社から来た神様です。ですから、穏やかな波動を持った女性の姿をしています。メインの神様によると、ものすごーーーく優しいそうで、そのため、願いを叶えるのに時間がかかると言っていました。丁寧に叶えるからだそうです。一度にたくさんの願掛けの成就はできないけれど、心を尽くした叶え方をする神様だということです。
「宗像の神様は道を開く神様だと書いてありましたが？」（すみません。ここ、勘違いをしています。「道の神」としか書かれていませんでした）
「道は開かぬなぁ」

メインの神様はそう言って笑っていました。
波動を浴びることで、特別なごりやくがありますか？　とお聞きすると、「健康になる」「家の中が明るくなる」という答えが返ってきました（宗像の神様の波動です）。
この神社でお願いをしたことは、宗像の神様もメインの神様も聞いてるので、どちらかが叶えてくれます。メインの神様はパワーがあるので、この神様だったら道を開いてくれるのではないかと思います。
宗像の神様はすごく丁寧に、小さなお願い事でも全力で叶えるみたいですから、そのように叶えてほしい場合は名指しでお願いをするといいです。大変真面目な神様ですから、すぐには無理だったとしても順番待ちのところに入れてくれます。

もともとここにいた地元の神様と勧請された神様が協力をしている神社です。神社としての波動はメインの神様のものになっています。宗像系の波動の効果をいただきたいという人は、おふだを買って「宗像の神様の波動を強く入れて下さい」と神前で手を合わせてお願いをします。そうするとそちらの波動たっぷりのおふだにしてくれます。

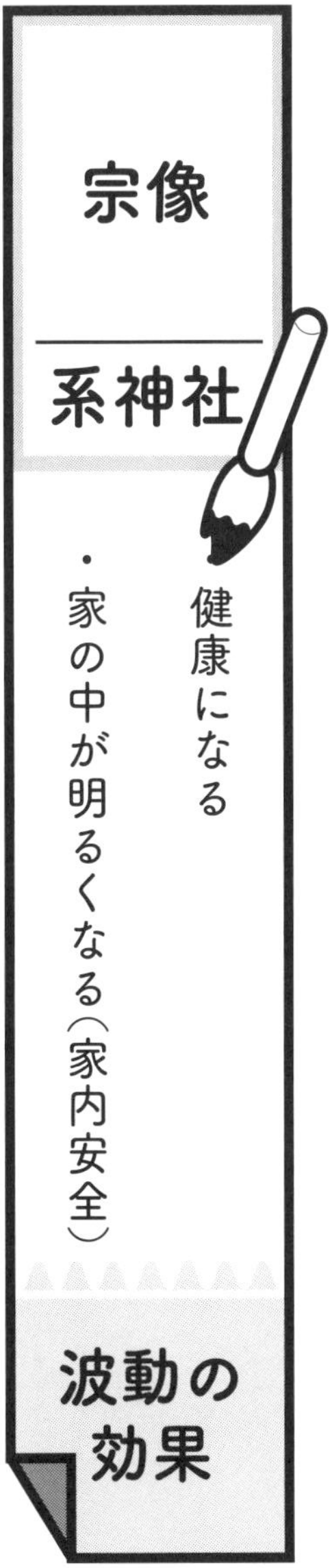
宗像
系神社
・健康になる
・家の中が明るくなる（家内安全）
波動の効果

# 諏訪系の神社

## 【諏訪神社】

**千葉県流山市駒木655**

取材の途中で見つけた神社です。小さいのかな？　と思って参拝したら、意外と大きい神社でした。境内は広く、参拝用の小道があっちにもこっちにも作ってあって、それが妙に楽しいです。たくさんある境内社に、それぞれ行けるように道が作ってあるみたいです。樹木もすくすく伸びていて、境内には爽やかな信州の色があります。信州の神様だな〜というこことはわかるのですが、でも、神様は「諏訪大社」からは来ていないようです。波動が違うのです。

そこで神様にストレートに質問をしてみました。

「諏訪大社から来られていないように感じるのですが……？」

「諏訪大社からは来ていない」

「やっぱりそうなのですね。でも、諏訪からは来られていますよね？」

「うむ」

「諏訪のどこから来られたのでしょう？」

「湖のほとり」

詳しくお聞きすると、当時（かなり昔です）、諏訪大社にはまだ勧請のシステムがなかったそうです。もちろん、見えない世界でのお話です。

この神様がここに来られた時は諏訪大社から勧請をしても、眷属を遣わすとかそういうシステムがありませんでした。勧請をしてこの神社が創建されていますが、そのような理由があって諏訪大社から神様は来ていないのです。

こういう場合、普通は地元の神様が入ります。もともとこの土地を守っていた神様や氏神様、まれに山岳系神様の眷属が入ったりもします。

しかし、実際に鎮座している神様は諏訪から来ています。それはなぜかというと、諏訪大社の神様から「行ってくれぬか？」と、直々に頼まれたからだと言うのです。

「へぇー！　そんなことがあるんですね！」

湖のほとりにいた神様なのか、ほとり近くのお社やお堂にいた神様なのか、詳しい場所までは聞いていませんが、諏訪大社の神様として行ってほしいと頼まれたということは、パワーある神様だということです。当時、諏訪大社には勧請先に遣わすほどの強い眷属がいなかったのかもしれません。

この神社の木々は本当に諏訪の匂いがします。諏訪の「気」がここにあるからです。諏訪大社のおふだについて質問をしたところ、上社と下社で効果が違う、と教えてくれました。上社は「繁栄する」、下社は「霊感が強くなる」とのことです。

いくら頼まれたからといっても、諏訪から関東まで来て下さった神様です。心が広くて、柔軟な考えをお持ちです。諏訪に帰りたいと思うことがあるのかお聞きしたところ、地元の人々に深く信仰をされているので、この土地に来てよかった、とおっしゃっていました。諏訪に帰りたいと思ったことは、一度もないそうです。

# 諏訪系神社

・上社系＝繁栄する
・下社系＝霊感が強くなる

波動の効果

## 【諏訪神社】

神奈川県川崎市高津区諏訪3－16－48

都内から近いということで参拝しました。町の名前が「諏訪」だということは、人々の信仰が厚かった神社だと思われます。境内は広くありませんが、土地を優しく守る氏神様がいました。諏訪の神様と呼ばれていることに関しては、まったくかまわないそうです。

小さなことにこだわらない神様です。地域の人々をしっかりと守っておられ、その愛情が境内に充満しているほどの、氏子を思う気持ちが強い神様でした。

# 金刀比羅宮系の神社

## 【金刀比羅宮東京分社】

**東京都文京区本郷1－5－11**

香川県にある金刀比羅宮の分社というだけあって、波動も雰囲気も同じです。境内は狭いのですが、四国の金刀比羅宮と同じ波動を浴びることができます。

本殿には金刀比羅宮から来たカラス天狗がいました。

「本にカラス天狗がいました、と書いてもよろしいでしょうか？」

そうお聞きすると、大天狗と交代で、たまに来ていると言います。両天狗のどちらかがここにいるのは、そんなに多くはないようですが、境内が金刀比羅宮とつながっているので、両天狗が来ていない時でもこちらの声は届いています。カラス天狗からは奥宮の「気」が漂っていましたから、来られた天狗は奥宮にいる眷属のようです。

この神社の始まりは〝屋敷神〟で、当時は違う眷属……まだ力があまりついていない眷属が来ていました。戦災で建物が焼失したため、眷属はその時に金刀比羅宮に戻り、ふたたび神社として神様を祀ることになった際に、金刀比羅宮とつながった神社になったそうです。そのため、天狗が時々様子を見にくる……というシステムに変更されています（何度か移転もしたらしいです）。

金刀比羅宮のおふだの効果を質問すると、「山の神（山岳系神様）だから悪いものを寄せつけない」と言います。

私は四国の金刀比羅宮を参拝した時に黄色いお守りを買ったことがあります。波動が続く半年間はとても運がよかったので、そこを聞いてみました。

黄色いお守りは「金運」「開運」の効果があり、それは「色」の力も加わってのことだそうです。この黄色いお守りはおふだとは別物である、とのことでした。

都内にあって、あの金刀比羅宮の波動を浴びることができるのは、貴重だと言えます。さらにどちらかの天狗が来ている日だったら、奥宮の波動ももらえます。境内の中が「四国」となっている神社です。

【虎ノ門金刀比羅宮】

東京都港区虎ノ門1−2−7

港区の虎ノ門（私の印象では大都会、土地の値段が高い街です）にあるということで、小さなお社を想像していたのですが、行ってビックリしました。大きな社殿が建っているのです。しかも、神社の横に琴平タワーという近代的なビルも建っていて、その高層ビルとうまく調和していて二度ビックリです。

周囲は近代的な都会ですが、神社は昔からの佇まいでそこにある、といった感じです。社殿前にある銅鳥居の柱には、四神（東西南北を守る青龍、白虎、朱雀、玄武です）のオブジェが施されています。大変珍しい鳥居で、縁起がいいです。

社殿には、どっしりとした、肝の据わった男性姿の神様が見えました。重々しい、安定感のある落ち着いた神様で、どちらかというと軍神っぽいです。なぜ、このような神様なのだろう？　と不思議に思ったので、由緒を読んでみました。

万治三年（１６６０年）、讃岐国の丸亀藩主が藩邸のあった芝・三田の地に金刀比羅宮の分霊を勧請したそうです。そこからここ虎ノ門に移転した、というようなことが書かれていました。この由緒からすると、神社のご祭神としてではなく、藩邸の〝屋敷神〟として丸亀城主が勧請したことになります。そこをまず神様に確認しました。

たしかに、最初は城主が藩邸を守ってもらうために勧請をしたとのことです。つまり、屋敷神として藩邸を守るお社だったのです。ですから、神社に鎮座するご祭神として天狗が来るのではなく、金刀比羅宮奥宮のある山で修行をしていた、もとが人間のこの神様が来たそうです。当時、眷属はいなくて、神様１柱のみだったと言います。

最初は本当に藩邸を守る、それだけだったらしいのですが、知り合いだの、近所の人だのが徐々に来るようになり、霊験あらたかということで参拝者が広がっていき、大きくなったそうです。規模が大きくなっていくにしたがって、神様も大きく力をつけて、現在の大きさにまでなったということです。

昔は眷属がいなかったのですが、今は金刀比羅宮の神様から遣わされた多くの眷属がいます。ちょっぴり小粒のよく働く眷属がほとんどで、それはもうたくさんいます。この眷属たちは、驚くほど真面目に仕事をしており、大きな男性姿の神様のまわりにいます。

遣わされて来ている眷属は、もともと山岳系神様の眷属です。なので、中には男性神様よりも神格が高いものもいます。神格は上だけれど、そこは神様世界のルールで、最初に入った神様がメインであり、中心です。ですから、神格が高くても、メインの男性神様に眷属たちは素直に従っています。

四国の金刀比羅宮は山岳系神様なので、「魔」を退ける、「魔」を寄せつけない、というおふだの説明を受けました。金刀比羅宮としての特徴はないのかな？　と思ったので、突っ込んでお聞きすると「運」だと言います。運が上昇する方向になると言うのです。開運ではなくて、運が〝上昇する〟です。

運とは、縁起物で集めたり、呼び込んだりするものです。見えない世界のそのへんに散らばっていて、それをかき集める、呼び寄せるというものなのです。

運が上昇するということは、すでに持っている運をパワーアップするのかな？　と思いましたが、よくわかりません。持っていない人はどうなるのだろう？　と考えていたら、詳しく教えてくれました。

神様によると……人間の言葉では「運」という同じ単語になるけれど、種類が違うものがあるそうです。「ツキ」に近いらしいのですが、ツキとも違うそうです。なので、ここでは「ラッキーパワー」と呼ぶことにします。

世間には「運が悪い」人がいます。たとえば、派遣で仕事をしていて、いきなり派遣切りをされて仕事がなくなった、収入がない……それなのに病気になってしまったとか、歯が折れたとか、そのうえ彼女にもふられたとなると、かなり運が悪いです。

このように「ついていないこと」が立て続けに起きる時はラッキーパワーが枯渇しています。それはその人のラッキーパワーのメーターが下がっている状態です。ガソリンが減って、ガソリンのメーターが下がっているのと同じです。

ラッキーパワーのメーターが上がるか下がるかで、その人に対応している世の中が若干変わります。そしてそれは、集めるとか、持つとかの「運」とは違うのです。メーターが上がると、ツイてるな～と思うことがたくさん起こるようになります。

金刀比羅宮の波動はメーターがガタンと落ちているのを、上げる方向にサポートするそうです。よって、ラッキーパワーが上がる、言い方を変えれば、運がよくなる、ということです。

ただし、ラッキーパワーは縁起物で集める運ほどエネルギーが大きくありません。ビッグな幸運をつかめるのは「運」のほうで、ラッキーパワーは「ラッキー♪」と思えることが多くなる、という違いがあります。

ここはもう「運がよくなる」ということで、細かい違いはいちいち考えなくてもいいのかもしれません。おふだを置いて波動を浴びていれば、運が上がる傾向になる、そのような神社なのです。

虎ノ門は高層ビルが多くて近代的な大都会です。地価も高いと思われます。そこにけっこうな広さの場所を取って、社殿をそのまま置いているのです。それほどごりやくがある神様なのだと思います。
かき集めたり、縁起物で呼んだりするのは「運」です。自分自身のメーターが上がり下がりするのは「運」「ツキ」と似ていますが、少し種類が違います。その種類が違うほうの

「ラッキーパワー」を上昇させる、それが波動の効果だそうです。

**金刀比羅宮**
**系神社**

「魔」を寄せつけない
・ラッキーパワーのメーターを上昇方向にする

**波動の効果**

# その他の系統

## 【巣守《すもり》神社】

新潟県長岡市栃堀2768

別の神社が目的で長岡市に行ったのですが、残念ながらその神社では収穫がなく、時間が余ったので市内にあったこちらを訪れてみました。予備知識はゼロですし、正直なところそんなに期待もしていなくて、地方にいる氏神様の取材をするつもりでした。しかし！　ここが驚くほど素敵な神社で、この神社を選んだ私ってすごい！　と自画自賛しました。

境内はいい具合に苔むしており、芸術作品といった感じです。じぃ〜っと鑑賞していると「ふぅ〜」と声が出るほど、

心身がリラックスします。神様がそのように意図して、苔を配置しているように思いました。

　苔はしっとりとしたわびさびの世界を作ることもありますが、妖《あやかし》の世界に対応している暗めで陰気な苔もあります。ここの苔はどちらでもなく、明るく元気な苔です。爽やかな苔なので見ていると癒やされます。

　入口の写真を撮ろうと移動していると、境内および周辺を流れる水の音がすごいことに気づきます。境内にある地下水路には蓋がしてあるので流れは見えませんが、水量が半端ないようです。境内の外の溝は水量も多く高速で流れていました。大変清い水で、パワーを持っています。土地がよいのでその影響だと思います。

　境内に入ってすぐ左手にはお社があります。長岡市の説明板があったので読んでみました。

**【植村角左衛門貴渡】**（うえむらかくざえもんたかのり）

栃尾の機神様（はたがみさま）と称される植村角左衛門貴渡は、栃掘村の庄屋の家に生まれました。天明の大飢饉に際し、角左衛門は米作だけでは悲劇が絶えないと実感して米沢織りを習い、縞紬（しまつむぎ）の製作に成功します。

そして、北荷頃の大崎オヨの織った縞紬の見事さに感嘆し、オヨからその製法を教わり、その後、角左衛門によって栃尾紬が全国に知られる名産品になりました。

ここ貴渡神社（たかのりじんじゃ）は、植村角左衛門貴渡をお祭りした神社で、社殿の彫り物は幕末の名匠「石川雲蝶（いしかわうんちょう）」の作とされています】

織物の神様と言われた人がこの土地にいたそうです。お社は小ぶりながらも素晴らしい彫刻が施されていました。そのお社から、ものすごくフレンドリーな波動が流れてきたので、

「角左衛門さん、こんにちは」

と、話しかけてみました。すると、気さくな感じでお社からひょこっと出てきてくれたのです。衣冠束帯とかそういう衣装ではありません。裃《かみしも》とか着物とか、そういうものでもないのです。はいているのは、もんぺみたいな余裕のあるズボンです。農作業の格好というか、それに似た……作業をする服装みたいです。

角左衛門さんはニコニコ、ニコニコしていて、大変感じのよい人物です。

「来てくれてありがとう！」

角左衛門さんにいきなり感謝をされました。え？　と戸惑っていると、自分たちの神様（巣守神社の神様のことです）を、正しくわかる人が来てくれた、それがとても嬉しい、と言います。さらに、住民ではない人がここを訪れたことも嬉しいそうです。

「ありがとう」「ありがとう」と言ってくれます。純粋に、参拝者が来たことが嬉しい様子でした。生きていた時も、人が来たら喜んで歓迎していたのだろうな、と思えるお人柄です。

織物の神様と言われた人なので、そちらの話からしてみました。

「私の遠い親戚に、布を縫って、注文した人に合わせた仕立て服を作る仕事をしている人がいるんですよ」

「ほぉ！　そうなのか！」

角左衛門さんは興味津々で目をキラキラさせて話を聞いてくれます。

「その人は、こういう賞とこのような賞をもらったんです」

「ほほぉ！　それはすごいではないか！」

目を真ん丸にして本気で賞賛していました。いえいえ、たった1人がもらう賞ではなくて、毎年もらえる人がいるのです……と言っても、それでも素晴らしい！　と社交辞令ではなく、心から讃美していました。

本当に純粋なお方なのだな〜、となんだか嬉しくなりました。心根がよくて、お腹の中に何もないというお人です。神様になっているので当たり前と言えばそうなのですが、生前の性格がそのまま出ているように思いました。

そのような話をしつつ参道を進んで石段を上がり、巣守神社の本殿に到着しました。そこで一旦、角左衛門さんとのコンタクトはやめ、神様にご挨拶をして祝詞を唱えました。

参拝したのは冬だったので、本殿の外側には簡易な建物が造られています。雪が多い地域は冬期になるとこのような社殿を守る囲いとなる建物が造られるのです。その囲いの建物の中に入って手を合わせました。

本殿を細部までしっかり見て、写真を撮り、囲いの建物からフッと外に出た、その瞬間です。囲いの建物の外にいる両脇の狛犬が、体はそのままで顔だけをこちら（囲いの建物内）に向けて私を見ていたのです。いきなり私が出たので、「あっ！」と、あわてて正面を向いていました。大笑いしました。

囲いの建物に入る前に、私を見つめていたのは知っています。わざわざ東京から来た参拝者ですから、珍しかったのでしょう。囲いの建物内に入る時も私を目で追っていました。そしてそのままずっと見ていたようです。中で何をしてるのかな〜？　という感じでしょうか。

そこで、私がパッと出てきたので、「ああっ！」とあわてて前を向いたみたいです。いいですね〜。ほっこりして心があたたかくなります。

私がアハハハと笑うと、狛犬も照れくさそうに笑っていて、なんとも言えない、ほのぼの〜とした空間になりました。

さらにここの狛犬は、狛犬なのに！　ものすごく尻尾を振っているのです。両方ともニコニコしつつ、尻尾をフリフリしています。このような神社があるんだなぁ、と新鮮な驚きです。狛犬も参拝者が来ることを喜んでいるのです。

この神社は、来てくれてありがとう、という歓迎がすごいです。神様に、「本に書いたら、この町や村の人ではない参拝客が遠くから来ると思います。かまいませんか？　お願い事を叶えてもらえますか？」

と聞いてみました。

「叶えよう」

力強いお言葉です。

「特に、体、健康に関するお願いはよろしくお願いします！」

「うむ」

これから忙しくなるかもしれぬ、と楽しそうに言ってくれて、狛犬たちも「うん。うん」みたいな感じで嬉しそうです。神様も眷属もみんなが大歓迎をしてくれる、こういう神社も珍しいです。


この神社にはお不動さんもいます。石段の手前、鳥居の右側に手水舎があるのですが、その向こうに小さなお堂があります。手水舎の写真を撮ろうとしたら、強烈に仏様の波動が流れてきたので、「はて？」と行ってみたら、石仏の不動明王がいたのです。

驚くことにちゃんと道がつながっていました。しかも、力が強いお不動さんです。石像から、もわもわもわぁ〜っとパワーが放出されていました。真言を唱えて、ご挨拶をしました。

「本を読んだ人が、悪いものを祓って下さいと来るかもしれません。その時はどうぞよろしくお願い致します」

「うむ」

低く響き渡る声で承諾してくれました。この時に、石仏から波動が大放出されたので、

「私に今、よくないものがくっついていたら祓ってください」

とお願いをして、浄化をしてもらいました。パワーがあります。掘り出し物のお不動さんです。

本殿へと上がる石段の脇には、１本が２つに分かれているご神木がありました。ご神木なのに、普通の木としてそこにあるのです。入口にある角左衛門さんの神社は江戸末期に作られているようですが、ご神木を見る限り、ここの信仰はもっと昔からあったようです。
「この神社は相当古いのではありませんか？」
角左衛門さんによると、神様はもっともっと昔からいる、とのことです。具体的に「いつ」ということは言いませんでしたが、相当古いみたいです。

「そうでしょうね、木がすごいですものね」

私は参道脇の木でもすごいと思ったのですが、石段を上がった本殿エリアには初めて見る、それはもうビックリするくらい縁起のよいご神木がありました。

本殿の右のほうに行くと、種類の違う2本の木がぴったりくっついて、大きく伸びていま す。上のほうまで密着したままなので、抱き合っているような、寄り添っているような、超珍しい、貴重なご神木となっているのです。

樹齢は4～500年でしょうか。そこまでいってなくて、3～400年かもしれませんが、仲良しのまま伸びているその姿が神々しいのです。しかも、縁起物です。
うわーっ！　このご神木、ほんまにすごい！　と写真に撮っていたら、ご神木がエッセンスをふわふわふわふわと、惜しげもなく振りかけてくれます。夫婦円満、恋人円満、人と仲良くできるという、まろや

かで優しいエッセンスです。

木の下に立っているだけで、なんとも言えない幸福感に満たされて、ほんわかと丸く、角のない自分になれます。そのおかげで、ストレスは一気に吹き飛んで、悩みなどはどうでもよくなります。このように自分が穏やかに充電されれば、人に優しく接することができるというわけです。

しめ縄は巻かれていませんが、この2本はすごいパワーを持っているご神木であり、人間に優しいです。会いに行く価値アリです。恋人と仲良しのままでいたいとか、夫（妻）と一生仲良しでいたいとか、そういう人はエッセンスをもらいに行くといいです。本当におすすめです。

2人で行けば、なおよしなので、もしも神社が嫌いな彼氏や夫だったら、苔むした神社があるらしいから見てみたいと誘い、境内で「うわぁ、この木すごいね」とかなんとか言いつつご神木の下に連れて行って、2人でエッセンスを浴びると完璧です。

人間関係で困っている人にもごりやくがあります。

お不動さんにご縁をもらっていない人は、ここのお不動さんにご縁をもらうのもいいですし、神様も眷属もニコニコしていて、狛犬も大歓迎してくれるという素敵な神社です。境内の土地がよいうえに、波動もいいので満タンまで充電してもらえます。

長いことウロウロしていたのですが、

「じゃあ、帰ります～」

と言うと、角左衛門さんが、

「え？　もう帰るのか……」

と寂しそうにしていました。別れを惜しんでくれて、お別れの時も「ありがとう」「ありがとう」と重ねてお礼を言ってくれます。

車に乗ろうとしたら、2体の狛犬（狛犬に入っている眷属ですが、姿を石像の狛犬にしています）と、他の眷属、さらに角左衛門さんと……なんと！　神様まで下りて来てくれて、お見送りをしてくれました。

本当にいい神社です。2本のご神木は縁起物でもありますし、神様も眷属も素敵だし、木々も優しくて、お不動さんも道がつながっています。角左衛門さんも親切です。すべてが素晴らしい神社でした。

この原稿を書くために神社の住所を調べていたら、この地にあった栃尾城は、戦国大名の、あの！　上杉謙信公が幼年から青年期を過ごしたところだと書かれていました。初陣の地としても有名で「上杉謙信旗揚げの地」と呼ばれているらしいです。

しかも、この巣守神社は上杉謙信公が信仰していた毘沙門天が祀られているらしく、その関係で、『裸押合大祭』が行なわれているそうです。栃尾観光協会のサイトにあった、裸押合大祭の説明がこちらです。

【天正年間（１５７０年代）、戦国の武将、上杉謙信公が崇め奉った毘沙門天を栃堀巣守神社に祀り、戦勝祈願、五穀豊穣を願ったのが始まりと伝えられています】

地元では有名な神社だったのですね～。ビックリしました。

## 巣守神社

境内でいただく場合

**波動の効果**

質の高い充電

・心が優しく丸くなる

## 【高龍《こうりゅう》神社】

新潟県長岡市蓬平町1284

駐車場に車を停めて、短いトンネルを通って行きます。神社の境内となる高台（山の端っこの部分です）の下に、川が流れています。参道は川を渡って行くようになっています。

入口からいきなり傾斜のキツい、すごく急な石段があります。奥のほうにはエレベーターがあったので、エレベーターで上がることもできるみたいです。

せっかくなので張り切って石段コースを進みましたが……歩くような速度で上がると、けっこうゼーゼーハーハー言います。お正月とか人がいっぱいいる時期だったら、申し訳ない気持ちになるだろうなと思いました。しんどくてサクサク上れないうえに通路の幅が狭いので、「お先にどうぞ」と譲れないのです。後ろの人にものすごーく気を遣いそうです。

石段を上りきる手前で手水を使い、そこから境内に入ると、「あれ?」という違和感がありました。神社名から、龍神がいる神社だと勝手に思い込んでいたのですが、龍がいないのです。

由緒が書かれた案内版があったので、まずそちらを読んでみました。少し長いので、前半部分だけを要約しますと……。

１３９０年に楠木正成公の御子の家臣が、家族とこの地に迷い込みました。その時に、家臣の傷（戦で負った傷）が痛みだし……もはやこれまでか、と思ったそうです。そこで家臣は、いつも信仰している大和の国吉野郡川上村の「丹生川上大神《にうかわかみ》」に祈りました。苦痛のあまり、夢うつつになっていたら、白髪長髯の老翁が現れ、「自分は丹生川上大神の分身にて、この地に鎮座する高龍なり」と言って、傷が治癒する温泉の場所を教えてくれました。家臣が言われた場所に行って療浴をすると、ほどなくして傷が治ったということです。

白髪で長いヒゲをはやしたおじいさんが出てきて、自分は丹生川上大神の分身の龍であると言ったわけですね。龍がおじいさんに変身して出てきた……と伝わっているみたいです。

拝殿のほうへ行くと、ロウソクを奉納する場所が作られていました。

ありがたいことに、この神社は拝殿に上がらせてもらえます。さっそくお邪魔させてもらいます。拝殿の天井には大きめの丸い提灯がたくさん下がっていました。

そして驚いたのが、名刺を奉納するのがこの神社での願掛けの仕方のようで、それはもうたくさんの名刺が置かれているのです。名刺を入れるラックがあって、そこだけでは足りず、写真の額縁に挟む、提灯の下部に挟むなど、置けるところにはところ狭しと名刺が置かれていました。その光景は「にぎやか」という印象で、明るい雰囲気です。

神前に座って手を合わせ、祝詞を唱えました。祝詞で出てきたのは……なんと白いヒゲのおじいさん姿の神様でした。

うわぁ、本当におじいさんの神様なん？　というのは、私の心の中でのつぶやきです。仙人のような老人姿なのです。龍神となっているのに、なんでおじいさん神様が？　と思ったので、聞いてみました。
「龍って言われていますが、違うのですか？」
「人間は龍が好きだからの～。ふぉふぉふぉ」
ひ～え～、完全におじいさん神様です。神社が小高いところにあるので、それで龍ということになったのだろうか？

と考えていたら、

「龍は、いないわけではないぞ」

　と言います。

「いるのですか？」

「時々、来る」

　このあたりの山々の上を泳いでいる龍がいるそうです。その龍が時々、この神社に寄っているとのことです。

　おじいさん神様は山の神様です。山岳系ではなく、昔の「山の神」です。前述した日吉大社の東本宮と同じ神様ですが、こちらは、村人が山の中に迷い込んでしまった時に「ワシが山の神じゃ」と出てくるような、日本むかし話のような、そんな神様です。

　言ってみれば高野山の神様、狩場（高野）明神みたいな感じです。伝承では、狩場明神は高野山の地主神で、空海さんが高野山をひらく時に、２匹の犬をつれた猟師の姿で道案内をした、となっています。実際の狩場明神は違うのですが、でも、この「言い伝えられている狩場明神」がまさにこのおじいさん神様なのです。

「高野山、知っておられますか？」

「うむ」

「〝言い伝えられている〟狩場明神と一緒ですね」

「うむ（笑）」

あれ？　なんで笑っているのかな？　と考えて、あ、そうか、由緒のところに丹生川上大神の分身だと言ったことが書かれていたなと思い出しました。つまり吉野とか高野山とか、あのへんの神様をご存知なのです。

しかし、私は丹生川上の神社に行ったことがありません。何をどうお聞きしようかと思っていたら、おじいさん神様が笑いながら、

「分身ではないぞ」

と言います。そして、丹生川上から来たのではない、とそこはハッキリ否定していました。でも、由緒は後づけではなく、そのようなことが本当にあったそうで、当時の話を少ししてくれました。

この神社は白ヘビも祀られているらしいのですが、私が見たところヘビの神様はいませんでした。神格の高い「山の神」とその眷属、時々来る龍がごりやくを授ける神社なのです。

その龍ですが、来た時にわざわざ奉納されている名刺を1枚1枚見て、よし、この人をサ

ポートしよう、と思ったりすることはありません。山岳系神様の眷属であり、自由気ままな〝龍〟なのです。名刺の奉納で金運アップや商売繁盛を叶えているのは、おじいさん神様とその眷属です。

「山の神様（山岳系ではない山の神様です）のおふだを家に置いたら、どのようなよい影響がありますか？」

波動の効果は「うるおう、充足する」だそうです。いろんな分野、いろんな状況に作用をすると言っていました。ちなみに神様の種類としては、日吉大社東本宮と同じなのですが、東本宮は神仏習合に特化した神様なので、この神社とは波動が違います。

そしてこの神社は、時々来る龍の波動が強烈なので、その波動も半分入っているのです。おじいさん神様と龍のコラボ波動なのです。

龍の波動の効果は上質の浄化、特に頭がクリアになる、だそうです。

え？　龍なのに？　頭がクリアになるって……どういうこと？　と思った方、わかります、私もそう思いました。龍は大空を泳ぐので、何かそっち方面の影響があるように思いますよね？

理解不能という難しい顔をして悩んでいたら、おじいさん神様が楽しそうに、ふぉふぉふぉ、と笑って教えてくれました。

龍が来て着地をする、その後空に舞い上がる時はスピリチュアルな風がしゅわっと舞うそうです。しゅるるーっと飛び上がるその時に、人間の頭の中にある下手な考えとか、迷い、ぐちゃぐちゃと整理のついていない思考は、そのスピリチュアルな風の「しゅわっ」でクリアになるそうです。

つまり、波動の中に、このスピリチュアルな風の「しゅわっ」が入っているわけです。

ということは、どこの龍でも、波動で頭をクリアにしてくれるのだろうか？　と思ったら、そうだと言います。頭がクリアになるから、そこによいアイデアが浮かぶ、解決策が浮かぶ、重たいものがクリアになるおかげで頭がよくまわり、それで仕事がうまくいく、いい方向にいく、と言います。

「出世」や「成功」は、願掛けをして、いただくごりやくです。龍の波動の効果は心身ともに最高級の浄化、すっきりクリアになる、です。

参拝を終えて急な石段をヒーヒーと下り、川を渡ったところで、雨の最初の一滴がぽつんと頭に当たりました。そこから、ぽつりぽつりと落ちてきて、車に乗った瞬間に、ザー！と勢いよく降り出しました。そこからはザーザー降りです。

おじいさん神様、さすがです。パワーがあります。天気を調整することくらい、お茶の子さいさいの神様なのでした。

**山の神様と龍**

《山の神様》
・さまざまなうるおい、充足をもたらす

《龍》
・最高級の浄化（特に頭の中）

**波動の効果**

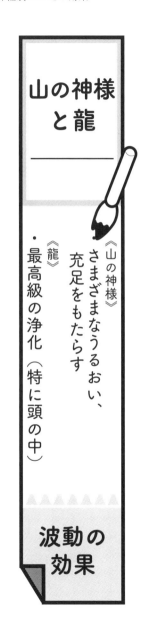

## 【月読宮《つきよみのみや》】三重県伊勢市中村町742−1

伊勢神宮内宮《ないくう》の別宮です。社殿エリアには4つの萱葺きのお社があります。最初に右から2番目を参拝し、次に右端、左から2番目、最後に左端と、参拝する順番が決まっています。この順番を守って手を合わせます。

私の印象では、左の2つは少し薄い感じです。右から2番目（最初にご挨拶をするお社）には、大きな神様がいます。威厳のあるご神気で、神前に立つと強い波動が感じられます。

右端の社殿にいるのは可愛らしい神様で、メインの神様のお付きのようです。気高くて高貴で気位の高い神様がいて、その横に人のよい、ニコニコしたお付きの女房がいる……イメージ的にはそのような神社です。

ここでは、4つの社殿の前で2礼2拍手1礼をするだけです。これで終わりです。この神社で願掛けをするのはちょっと違います。来て、順番通りに参拝したら帰る、というところなのです。

なぜかといいますと、「運勢」の方違《かたたが》えみたいな役割をする神社だからです。運まわりの悪い人がここに来て、４つの社殿を順番通りに参拝すれば、方向の術のようなもので運の悪さが解消されます。

この神社は「人を動かす」ことが目的であり、参拝する側は動くことがもっとも大事なのです。４つの社殿をまわることによって方向の術をかけてもらい、運気を変えてもらいます。ですから、決められた順番通りに参拝することは必須です。

昔は神様のほうが動いていたと言っていました。参拝客が来て、手を合わせる……その時に、４柱の神様が順番に、その人のそばに寄っていました。４柱の神様の動きが方向の術となり、それで災難から救ったり、運をよくしたりしていたのです。

現在は社殿が４つあるので、人間のほうが動けるようになっています。昔に比べて、ごりやくがもらいやすくなっているとのことです。

駐車場から入って、すぐ右側に末社があります（葭原《あしはら》神社というそうです）。狭い入口なので、気づかない人が多いです。というか、ほぼ全員が気づかずに通り過ぎていました。末社のエリアですから、そんなに広くありませんお社も大きくないのですが、奥にものすごいご神木があるのです。樹齢1000年は、いってますよね？　というご神木です。大きなご神木なのにしめ縄は巻かれていません。

ちょっとビビるクラスのご神木です。というのは、古いのに枯れたところがないのです。樹齢が1000年近いクラスのご神木は、どこかに枯れた部分があります。それが普通です。けれど、ここのご神木にはそれがありません。隅々までしっかり水が行き渡っているのです。

夫婦仲良く夫婦円満、恋人円満、人を仲良くさせるというエッセンスをいっぱい持っているご神木です。

お社には男性姿と女性姿の神様がいます。2柱、仲良くいるのです。どう見ても夫婦であり、仲睦まじいというオーラが輝いています。2柱とも、ものすごくニコニコしています。
男性姿の神様はシュッと痩せていて、まだ幼い顔をされています。女性姿の神様もまだ若いし、少し幼い感じが残っています。そして、とにかくとても仲のよい神様なのです。
ごりやくはご神木のエッセンスと同じで、夫婦円満、恋人円満、神様のほうは子宝も授けるそうです。

そのような話をしている間も、２柱の神様はやわらかい笑顔をくずさず、あたたかくてなごやかになる波動を発しています。ものすごく気持ちのよい場所であり、温泉に入ったようなリラックスができる境内社です。
それなのに誰も来ないのです。ああ、もったいない、と思いました。伊勢神宮に行かれる方、内宮周辺をまわってみようという方に、この神社、および、境内社をおすすめします。運勢の方違えをして運まわりをよくしてもらって、さらに境内社で癒やされるという、ありがたい神社です。

**月読宮**

**境内でいただく場合**

運気の回復
・癒やし（境内社）

**波動の効果**

## 【伊勢神宮　内宮】

**三重県伊勢市宇治館町1**

久しぶりに伊勢神宮に参拝しました。一の鳥居の前に立ったところで、境内にまだ入っていないのに、ああ、やっぱり波動が違う〜、ということがわかります。ここは神社の代表だということが、魂でわかります。神様がたくさんいて、眷属もたくさんいます。一生に一度はお参りに行ったほうがいいと、昔から言われてきたのも納得です。

私の守護霊は少し前からワクワク、ウキウキと嬉しそうでした。私の守護霊は生前、ここにいたことがあったので（斎《さい》宮《くう》でした）、それで懐かしくて嬉しいのかなと、以前はそう思っていました。

その後、天照大神に会ってこの神様のことを知り（詳細は『和の国の神さま』という本に書いています）、私の守護霊は天照大神のことが大好きで、お会いできることが嬉しかったのだとわかったのです。

ここで「あ！」と気づきました。私の守護霊が人間だった時、ここで斎宮として天照大神と交信をしていたのかもしれません。

「もしかして、斎宮だった時に交信されていたのですか？」

斎宮は全員が天照大神とコンタクトできたわけではなく、交信できた人とできなかった人がいたと言います。その違いは霊能力かと思ったら、信仰心が濃いか薄いかの違いが大きかったそうです。ピュアな信仰心かどうか……が重要だったみたいです。

「守護霊さんは見えていたのですよね？」

「子どもだったから、お姿がそのまま見えて、お声も聞こえていた」

子どもだったから……と謙遜していますが、たぶん、信仰心がピュアで深かったからだと思います。守護霊がものすごく喜んでいたのは生前の居場所が懐かしかったわけではなく、天照大神に会えるからだったのです。これは私自身が天照大神に会えたからこそ、わかったことです。


内宮の正宮《しょうぐう》は石段の下までしか写真が撮れません。なので、その先は心に焼き付けるしかなく、気合を入れて石段を上ります。

門をくぐり、手を合わせるところで祝詞を唱えながら、意識を高天原にもっていきます。

天照大神に会うまでは知らなかったので、目の前の社殿の空間に意識を置いていました。「斜め上空の方向」に、それも「次元を超えた向こう」に、つまり……「高天原のある場所」に意識をもっていくと、本当にパッ！　とつながったのです！　扉が一瞬で開いたような感じで、パッ！　とつながります。

つながることができたら、なんと！　天照大神のお姿も見えますし、お話もできます（感涙）。

このように意識を合わせるということを知らなかったら、伊勢神宮ですが、天照大神とコンタクトはできません。私はこれまでに何回か内宮に来たことがあります。しかし、どうコンタクトするのかを知らなかったため、天照大神はいないのでは？　と思っていました。

他の神社のように社殿の空間に意識を合わせたり、その周囲や、社殿の上空に意識を合わせたりしていました。これでは「高天原」にいる天照大神とはつながれないのです。この神社にいる他の神々とはコンタクトできますが。

斎宮や神職さんには代々伝わっていてご存じなのでしょうが、意識を合わせる場所が違えば、高天原とコンタクトを

するのは不可能だということを知りました。

アマテラスさん（神話の天照大神とは違うので、こう呼ばせていただいています）が、それはもう極上と言える笑顔で、「元気にしていたか？」と聞いてくれました。

「元気にしていました！」

その神々しいお姿を見た時、周囲には人がたくさんいたのに、涙がぽろぽろこぼれました。自分が感じている以上に、魂はこの神様のことが大好きなのです。

日本で一番つながりにくい神様です。しかも、場所によってつながれる深さが違うのです。私は鹿児島の開聞岳で初めてお会いしたのですが、そこではハッキリクッキリお姿が見えました。でも、伊勢神宮では開聞岳ほどクリアに見えません。

そのような事情があるため、お会いできたことが奇跡のようで崇敬の気持ちが洪水のようにあふれてきます。神格のとても高い神様ですが優しいお姉さんみたいな親近感もあります。

一般の神様は、その神社の境内だったらどこでもつながることができます。パワーある大きな神様は神域が広いため、神社を出てからもつながれることがありますし、私個人の熊野三社（熊野本宮大社、飛瀧《ひろう》神社、玉置神社）だったら、神様が行き来しているので、熊野本宮大社で飛瀧神社の神様に会えたりもします。

しかし、アマテラスさんとは、伊勢神宮だったら内宮の「正宮」の中でしかつながることができません。正宮の出口を出たら（石段を下り始めたら）、「交信はできない」と言われました。たしかにそうでした。高天原とつながることができるのは、内宮の正宮エリアのみ、なのです。

なるべく正宮エリアに長くいようと思い、手を合わせるところの左側へ行って、外玉垣の中をしげしげと見つめ、今度は右側へ移動して、そこでも外玉垣の中をじーっと見つめました。

正宮内には警備員が1名いるので、不審な人物と思われても困ります。いくら中をじーっとしつこく観察したところで、30分滞在するのは無理でした。せいぜい15分くらいです。

つながっている間は、アマテラスさんの高波動がふんだんにもらえます。幸せ～～～な、満ち足りた気持ちになりますし、浄化もしてもらえて、強いパワーももらえます。

「ああ、ここは強烈なパワースポットだったんだ～」としみじみ思いました。

アマテラスさんに、『和の国の神さま』に書いたことをすべて報告しました。さらに読者さんからのメッセージやお手紙にこう書かれていました、ということもお話しました。アマテラスさんは終始ニコニコしながらうなずいていました。

正直な話、自分が波動をもらったり、お姿を見せてもらったりすることに精一杯で、さらに「報告をしなければ！」という気持ちもあって、何かを質問するとか、そんな余裕はありませんでした。報告と、再会できた喜びだけです。

正宮エリアを一歩出たら、アマテラスさんとのつながりは一瞬で消えました。

もう1回入ろうかな！　もう1回、会っておこうかな！　と思ったのですが、警備員や神職さんに「うわ、長々といたあのおばさん、また入ってきよったわ〜」と思われそうで……小心者の私には無理でした。

「この神社にいらっしゃる神様！　伊勢神宮について、どなたか教えて下さいませんか？」

と、正宮を出てから、多くの神々に向かって語りかけてみました。

「こんなにたくさん神々がいらっしゃるのですから、どなたか1柱、お仕事に余裕のある神様がおいでだと思います。どうかお願いします！」

すると、衣冠束帯の格好をした男性姿の神様がふっと横に現れてくれました。

「何を聞きたいのか」

とりあえず、おふだの効果についてお聞きしました。

伊勢神宮にいる神様は、全員、「人間を幸せにする」という目標を持っているそうです。これは単なるスローガンではなく、神様は心底「人間を幸せにするぞ！」という思いがあると言います。よって、その波動が入っているそうです。

もちろん、伊勢神宮で買ったおふだも、伊勢神宮のおふだであり、伊勢神宮から送られた限定です。地方の神社で買う天照大神のおふだも、伊勢神宮から送られていますが、置かれている神社の神様の波動が加わっています。ここ、しっかり確認しました。ですから、他の神社でもらう天照大神のおふだは伊勢神宮一色ではないのです。

本家本元のここで買うおふだは伊勢神宮一色です。「人間を幸せにする」という、伊勢神宮の神々共通の思いが波動として入っています。

「おふだの波動を浴びていたら、幸せになれるのですか？」

「そちらの方向に動く」

波動を浴び始めたからといって、いきなりラッキーなことが次々起こるというわけではなく、幸せになれる方向に人生が変わっていくそうです。

「伊勢神宮はパワースポットですね」

「日本の一の宮みたいなものだ」

伊勢神宮は明治時代から戦前までの近代社格制度では、すべての神社の上であるとされ、社格の対象外となっていました。特別である、ということですね。

しかし、説明をしているこの神様の中には「伊勢神宮は別格だ！」という優越感や特別感はまったく存在していません。神様が多い、参拝客も多い、神社として有名で規模も大きい……ただそれだけ、というお考えのようです。

「私が以前、ここに来た時に、十重二十重《とえはたえ》に囲いがしてあるような、厳重にブロックがされているような、そんな感じを受けました。迷路のような変な囲いだったので、神様が閉ざされていると思ったのです。皇室の神様だから、大事に封印されているのかな、と」

「見るか？」

「何を？　でしょうか？」

「昔は悪いものを神社や寺に閉じ込めていた。その悪いものを、だ」

「えっ！」

あ！　と、ここで衝撃的なことを思い出しました。そういえば、神社に鬼が封じ込められているのを見たことがあるのです。近くのお寺のお坊さんが、お寺ではなく、神社に鬼を閉じ込めていました。

あああっ！　そういえば！　岡山の吉備津《きびつ》神社にある釜の下には、吉備津彦が退治した「温羅《うら》」が埋められている、という伝承があります。温羅とは、桃太郎の鬼のモデルとなった人物です。つまり、これも神社に封じ込めた、ということです。

魔物はお寺に封じ込めるのが一般的ですが、仏教が入ってくる前は神社しかなかったわけです。ですから、大昔は神社に封じ込めるのが当たり前だったそうです。特に伊勢神宮は、天照大神だから力が強い、ということで、大昔は悪いものをここにたくさん封じ込めていたそうです。

見るか？　というので、「ぜひ！」と見せてもらったら……それはもう、「うわぁぁぁ！」「ひえぇぇぇぇ！」と叫ぶくらいの魔物がいました。姿かたちはそれぞれだけれど、暴れまくり、ぐぉぉぉー！　と吠えまくりで地獄のようです。西洋のドラゴンのようなものもいました。怨霊もいます。

これらの魔物が伊勢神宮の次元の違う地下にいたのです。退治するのではなく、封じ込められています。

「神様方が逃げないように、上から押さえているのでしょうか？」

「そうではない」

ここに封じ込めた僧侶、大昔は神官やシャーマンが、出られないように強力な術をかけているから出ることはない、と言います。

私が感じた「封印」は、この魔物を閉じ込める術だそうです。魔物は今もいますが、その影響は一切ありません。しっかり密閉されているからだそうです。他の古い神社でも同じようなところがあるのではないか、とのことでした。


帰りは必死で境内の写真を撮っていて、そのままふっと一の鳥居を出てしまい、「しまった！　お礼を言うのを忘れた！」と、もう一度境内に入って、声に出してお礼を言いました。

「ありがとうございました！」

「礼にはおよばぬ」

遠くから神様の声が聞こえ、親切な対応に感激しました。

参拝を終えて、私の守護霊に話しかけてみました。

「ここに来るたびに、アマテラスさんとコンタクトされていたんですね？」

守護霊はうなずきつつ、ニコニコするだけです。

「言って下さったらよかったのに～」

伊勢神宮

内宮

・幸せになる方向に人生が変わっていく

波動の効果

私の神様霊能力がアマテラスさんを知るところまで高くなかったから、時期が来るまで……自分でアマテラスさんを知るまでは教えるわけにはいかなかった、と言います。

「守護霊さんはアマテラスさんのおそばで、直接お話ができていいですね～。どのようなことをお話されるのですか？」

「内緒♪」

お互いがにっこりと笑ってしまう答えをもらって、伊勢神宮内宮の参拝を終えました。

# 第3章

# 牛頭天王

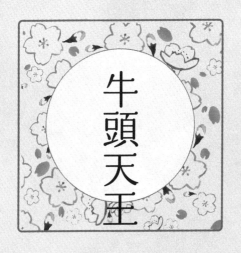

# 牛頭天王とは

日本にはいろんな種類の神様がいます。力の強さや神格は神様によって違いますし、いただけるごりやくも違います。

さまざまな神様の中に、一風変わった「牛頭《ごず》天王」という神様がいます。「スサノオノミコト」がご祭神となっている神社にいるのですが、その数は極端に少なく、めったに会えない神様です。スサノオノミコトの神社がすべて牛頭天王というわけではありません。

牛頭天王は神様と仏様の中間のような存在です。清らかな神様と違って「魔」の世界にも詳しく、そちらの世界にも顔を出せますし、「魔」のパワーを利用することで、使える力は強大なものとなっています。

こう書くと、なんだか魔王みたいで怖そう……と思われるかもしれませんが、性質は陽気でユーモアたっぷりです。面白い願掛けの仕方や、ちょっと変わった願掛けの内容、個性ある人物を面白がって、応援する傾向にあります。

　このお話はブログに書いたのですが、わかりやすい例なのでご紹介します。


　高校生の息子さんをもつ女性からのメッセージです。息子さんのその年の初詣は八坂神社（京都市東山区）だったそうです。母親である女性はそのことをすっかり忘れていました。

　息子さんはクラブ活動をしているのですが、レギュラーではありません。それが年明けから急に、クラブの監督から褒められるようになりました。しかし、本人ですら、監督の褒め言葉が「?」という感じだったそうです（褒めすぎだと思っていたようです）。

　高校３年生になった息子さんは、今年こそレギュラーになりたい！　と練習を頑張っていると……いつもと違ってあれよあれよという間にベンチ入りをし、重要なポジションを任されるようになりました。

　ベスト８に入れたら最高！　と挑んだ大会で、逆転劇を繰り返し、なんと！　決勝戦にまで勝ち進んだそうです。決勝戦では残念ながら、強豪校に負けましたが、まさかこんなに上位に入れるとは誰も想像していなかったみたいで、準優勝のメダルをもらって最高の引退ができた、と大喜びだったそうです。

その女性がふと初詣のことを思い出し、息子さんに、

「初詣、八坂さんに行ったんやった？　どんなお願いをしたん？」

と、聞きました。そこで返ってきた答えが素敵なのです。

「この俺が、このまま高校生活を終わるわけがないんで、お願いします」

そう言って、手を合わせたそうです。


メッセージを読んで、「あ〜、いいな〜」と思いました。とてもユニークで純真さがあふれています。牛頭天王は、この息子さんのような人が大好きなのです。

「おおっ？　こいつは面白い、よし、ちょっと手伝ってやるか」と、笑っている牛頭天王が目に浮かびます。いろんなことを面白がる神様ですから、ユニークな人は好まれるのです。

私みたいにくだらないことでもベラベラと、一生懸命にしゃべりまくる人もお好きなようです。このように牛頭天王をクスッとさせることを言うと、目をかけてもらえます。

大変気さくな神様ですから、かしこまって参拝しなければ！　間違えないようにちゃんとしなくては！　と思わなくても大丈夫です。非常に親しみやすい、フレンドリーな神様なので、逆に緊張しないほうがいいです。

ちなみに牛頭天王というのは神様の個人名ではなく、牛頭天王という神様の種類を表しています。

意地悪な人や心根のよくない人から飛ばされる悪念をガードするのは、牛頭天王の得意分野です。学校や職場でいじめにあっているという人は、牛頭天王にお願いをするといいです。境内で詳しくお話をして事情をわかってもらい、おふだを買って家に置いておくと、時々眷属が見まわりに来てくれます。

清く正しく一辺倒の神様ではないため、よくない願掛けをしても叱られないという特徴もあります。たとえば、不倫している相手が離婚しますように、という願掛けは、普通の神社では聞いてもらえません。でも、牛頭天王だったら願っても問題ありません。叶えてくれるかどうかは牛頭天王の気分次第です。

面白いことを言う、またはその人の個性で、この神様に気に入ってもらえたら、人生がひっくり返るほどの幸運を手にすることもできます。

悪念をガードする（悪念ガードができる神様は多くないので、悪念から守って下さいという願掛けはちゃんと聞いてくれます）以外のごりやくは、牛頭天王の気持ち次第ですから、初回に叶わなかったとしても、次回で叶う可能性があります。2回目は面白い言葉で願掛けしてみるとか、願掛けをしたあとで冗談を言って牛頭天王を笑わせるとか、個性的なことをしてみるといいです。そういうことを面白がって下さる神様ですから、「フフフ」となれば、叶います。

これまでにわかっている牛頭天王が鎮座する神社は、京都の八坂神社、同じく京都の今宮神社、兵庫の広峯《ひろみね》神社でした。牛頭天王の存在自体が希少なので、なかなかお目にかかることができない神様であり、見つけることも難しいのです。

私が八坂神社の牛頭天王を紹介してから、「牛頭天王のファンになりました」という読者さんが少なくなく、関西以外でどこかにおられませんか？　というメッセージをたくさんいただいてきました。そこで今回、鎮座している確率が高いと思った神社仏閣をまわって探してみたのです。

正直言って、はずれだったところのほうが多かったです。しかし、めでたく見つけることができたので、かつていた神社も含めてご紹介したいと思います。

## 【洲崎神社】

### 愛知県名古屋市中区栄1－31－25

境内に入った瞬間に、一般的な清い神様の神社じゃないな〜、ということがすぐにわかります。清い神様ではないということは、牛頭天王かな？　と思ったのですが、牛頭天王ほどの神格の高さがありません。

とりあえず境内を見せてもらっていると、女の人が石神の鳥居を腹這いでくぐっていました。この鳥居がものすごく小さいのです。見られるのはイヤだろうな、と思ったので、遠慮して先に白龍のお社のほうへ行きました。

女性がいなくなったあとで石神をよく見ると、小さな鳥居の扁額には「道祖神」と書かれています。ご神体は石であり、しめ縄が巻かれています。この神様に参拝するには、木製の太鼓橋を腹這いで進まなくてはなりません。太鼓橋は地面にあって、ものすごく小さいのです。

太鼓橋の３分の１のところに鳥居があり、もちろんこれもミニチュアサイズですから、腹這いのまま通ります。太鼓橋を渡り終えたところに小さなスペースがあり、鈴もあるので、そこにしゃがんで参拝をするようです。

独特の参拝方法ですから、やってみようかと思ったのですが、男性の参拝客がぽつりぽつりやってくるのでやめました（泣）。私はいい歳をしたおばさんですが、さすがに恥ずかしいです。

私がくぐっていた女性を見て「見られるのはイヤだろうな」と思ったということは、私がやっていても、それを見た他の人もそう思うわけです。本殿の真ん前ですから、参拝を遠慮させても悪いし……という気遣いもありました。

白龍社のほうはご祭神が「白龍龍寿大神」というお名前のようで、旗が並んでいました。奥まった場所の最奥にお社があります。お社の手前には、2匹のヘビが一緒にとぐろを巻き、2つの頭をもたげている石像があります。他にもヘビの置物やヘビの石などがたくさんありました。

雰囲気は……暗いです。場所的に暗いということもありますが、「場」が明るくないのです。

とりあえずご挨拶を……と思い、祝詞を唱えると、

「違う」

と低く響く声で言われました。唱えている途中で、違うから祝詞はもういい、みたいなニュ

アンスで言われたのです。その時に神様がお姿を見せてくれましたが、白ではなく黒いヘビでした。力は強いです。

このヘビの神様が言うには、昔、ここには牛頭天王がいたそうです。ヘビの神様はもともとこの土地にいて、牛頭天王と同じ系統の存在です。それで、牛頭天王が来た時に子分（眷属）になったと言います。

黒といっても真っ黒ではありませんから、どうやら海ヘビのようです。ダークなお願いも叶う海ヘビです。妖気ただようヘビであり、「魔」のほうに強いヘビの神様でした。

本殿でご挨拶をすると、ここでも黒いヘビの神様につながります。昔は牛頭天王がいたのかもしれませんが、今はヘビの神様がご祭神となっています。


境内の入口付近に3つお社があって、その中に稲荷社があります。狛狐が目立たないように置かれており、しかも両方とも外側を向いています。

「これって左右を間違えて置いているのではありませんか？」

そう言うと、位置を変えたら「あ」「うん」が逆になる、と言います。たしかに、「あ」「うん」の位置は合っているので、珍しく外向きに作られた狛狐のようです。もしくは、間違えて作ったか、です。

「珍しいですね」

「このポーズで威嚇しているのだ（笑）」

ユーモアのある眷属です。お稲荷さん（神様のほうです）に、

「ここには昔、牛頭天王がいたのでしょうか？　今はいないみたいですが」

と、質問をしてみました。

お稲荷さんも、昔はここに牛頭天王がいた、と言います。

「見てみよ」

神社の周囲にはマンションやビルがたくさん建っています。囲っているような感じでです。境内も昔と違って狭くなったそうで、このような状態になってからいなくなったらしく、自然がいっぱいの広々とした神社だった頃はおられたということです。

「帰った」とは言わず、いなくなった、と言っていたので、どこかへ行ったみたいです。

今はこの神社には黒いヘビの神様がいて、願掛けを叶えています。海ヘビの神様ですし、牛頭天王がいた時は眷属をしていましたから、「魔」のほうの力も使えます。行くとおわか

りになると思いますが、ちょっと暗いです。境内は清々しいとか、爽やかではありません。

牛頭天王の神社や晴明神社ほど神格は高くありませんが、それだからこそ、ダークな願掛けが叶う神社だと言えます。

## 【津島神社】

### 愛知県津島市神明町1

牛頭天王がおられます！

南門の鳥居を入ったところが駐車場になっていて、車を停めるところがすでに神域ですから、ここでハッキリとわかりました。牛頭天王がおられる神社だということが！

その前に、牛頭天王が歓迎のサインとして見せてくれたお天気の話をまず書きたいと思います。

津島神社に着くまでは小雨でした。それも、小さな水滴がぽつん、ぽつんとたまに落ちてくる程度でした。

傘はいらないようだけど、もしかしたらいるかな～？　と思った私はコンビニでビニール傘を買いました。一応買っとく？　みたいな感じです。いらんかもな～、というくらいの、ぽつんぽつんとしか落ちてこない小雨だったのです。

津島神社の駐車場に車を停めた瞬間に……誇張ではなくサイドブレーキをキッとかけた瞬間に、ダバーッと降り出したのです。ものすごい勢いの雨です。「ひ～え～！　土砂降りになったやん」と、運転席から写真を撮っていたら、そこからすぐに雪になりました。

ひょえ～！　なんだかすごいんですけど！　と見ると、重たくて粒も大きく水分をたっぷり含んだ雪がサクサクとフロントガラスに落ちてきます。

車から降りる準備をして、ダウンをガサガサと着ていたら、ぶわわーっと本格的に大量の雪が降り出したのです。なに？　これ？　とビビりながら車を降りました。雪は、ぼっさぼっさと次々に落ちてきます。

うわぁ、すごいな、牛頭天王ってやっぱりすごいー！　こんなに自在に天気を変えられるなんて！　と思いました。天気予報では「曇り」だったのです。短時間でぽつんぽつんの小雨から、ザーザーの土砂降りへ、さらにぼっさぼっさと降る雪までの変化……さすが牛頭天王、と思っていたら……。

ここでは祈祷をお願いしたのですが、祈祷を終えて拝殿から出たら、なんと晴れていました。ありえないです！　太陽と青空が見えていて……私はここで、牛頭天王の力は思っている以上にすごいのだ、ということを痛感しました。

祈祷を社務所でお願いして5分ほど待ち、そこから拝殿に行く時はまだ雪が降っていました。そして15分くらいで祈祷が終わって外に出たら……日が射していたのです。短い時間でここまで変えられるのは山岳系神様クラスです。

時間を戻しまして……境内に一歩入ったら、ニコニコが止まりません。自然と笑みがこぼれてしまうほど、顔がにやけました。嬉しくて嬉しくて、その喜びを隠せないのです。「見つけたー！」「牛頭天王、おったぁ〜！」みたいな気持ちでした。ワクワクしながら境内を歩きました。

「嬉しそうだな」

牛頭天王が笑っています。

「嬉しいです〜！　めったに会えない神様ですから本当に

嬉しいんです。私はまだ3柱しかお会いしていませんし～」

「昔は多く信仰されていたのだが」

とのことで、昔はあちこちにいたようです。

ここの牛頭天王のパワーも強大です。八坂神社も今宮神社も広峯神社もすごいのですが、ここも負けず劣らず驚きのエネルギーなのです。

織田信長公が信仰していたと言われていますが、事実だろうと思います。信長公は個性豊かなお方ですし、神様に上から目線で願掛けをするので、ここの牛頭天王に「面白いやつ」と思ってもらえた可能性が高いです。それであそこまでのぼりつめたのではないか、と思います。

牛頭天王を見つけたことで興奮しまくりの私は、その勢いで祈祷をお願いしました。祈祷が行なわれたのは拝殿正面入ってすぐのところだったので、もうちょっと奥に行きたい～、とそこがちょっと残念でした。祈祷で出てくる牛頭天王に少しでも近づきたかったのです。

神職さんの祝詞が始まると、椅子に座っている私たち参拝者の前方……そこは幅が少し狭くなっていて奥への通路っぽいのですが、この両側に眷属がずら～っと並びます。左右それぞれ20体前後いて、その姿はさまざまです。牛頭天王の子分（眷属と言うより、牛頭天王に限っては子分と言ったほうがしっくりきます）ですから、見た目はほぼ妖怪です。どう見ても悪のほうの妖怪ですよね、という姿の子分もいます。

もっとわかりやすく言うと、映画『スターウォーズ』に出てくる、他の惑星の住人みたいなのです。姿は奇怪でそれぞれですが、カッパとかろくろ首、一反木綿《いったんもめん》などの有名な姿の眷属はいません。

神職さんが祝詞を終えて、参拝者を清めるために幣《ぬさ》を持ってこちらに来ます。幣をばっさばっさと振る時に、子分の中にいる1羽の鳥が神職さんの上に来て、そこで羽ばたきます。バサバサバサーッとするその羽ばたきで、祓ってくれるのです。

どうしてわざわざ二重に祓ってくれるのだろう？　と思ったら、牛頭天王は「幣」を祓う道具として使わない、とのことでした。なんだか納得です。

普通の神社だったら、祈祷をするとその場に神様が現れます。祈祷をしている目の前に出てきてくれるのですが、牛頭天王は出てきてくれません。奥の空間にいます。

「あの〜？　神様？　普通祈祷をすると、他の神様は私たちの前に来てくれますけど？」

「そうか？」

ああ、わかった、出ていこう、というニュアンスのお返事をしてくれましたが……出てきてくれません（笑）。本当に気ままな神様なのです。

私はここでひとつ願掛けをしてみました。個人的なことなので公表は控えますが、叶えるのは難しいだろうという願掛けです。牛頭天王はその願掛けをふんふんと聞き、

「その願いは面白くないのぅ」

と言うのです。

えっ！　ということは、叶える可能性はほとんどゼロに近いということです。くうぅ〜、そんな〜、と思った私は知恵をしぼりました。そして、その願掛けを違う側面から分析し、ああで、こうで、と最初とは違った説明をしました。

すると、おぉ、それは面白そうではないか、という反応になり、最後に叶った場合のキメのセリフを言うと、

「それは面白い」

と笑ってくれたのです。ですから、皆様も牛頭天王に願掛けをする時は、願掛けの言い方を工夫したほうがいいと思います。

たとえば、「ユーチューバーになりたいです」という願掛けだと、「面白くない」と言われそうです。

見ている子どもに希望を与えたいとか、家族みんなで楽しんでもらいたい、というような理由だと、牛頭天王の場合、「ふーん」です。たぶんテンション低く聞くように思います。そこで違う側面の説明もします。

チャンネル登録者数１００万人を半年で突破したいんです、一般人でいきなりそこまでできる人はいません、達成したら日本中大騒ぎです！　とか、貯金をはたいて海外に行きます、世界中のワンコを撮りまくり、「世界のワンコチャンネル」を作ります、ゆくゆくはユーチューブで10億円稼いでワンコ御殿を建てます！　とか、愉快な側面、いやいやそれは無理だろうという、実現するのは難しい側面を語ったほうがいいです。

もしも誰かが横で聞いていたら「はぁ？　あなた、大丈夫？」というような夢でも、牛頭天王だったら叶えてくれる可能性は大いにあります。そういう神様なのです。

八百屋の娘だった桂昌院は三代将軍家光公の側室となり、男児を産みます。身分の低い母親から生まれたにもかかわらず、驚くことにその子は五代将軍（綱吉公）になります。身分制度の厳しかった時代に、町人の出自ではありえない出世をした女性、それが桂昌院です。

玉の輿という言葉はこの方のことらしく、それくらい珍しかったわけです。

これも牛頭天王が叶えています。町人という低い身分でありながら、野望ぎらぎらのありえない願掛けが「面白い」と映ったようです。願掛けが叶ったあと、それを見た人々が「うっそー！」「絶対にありえない！」「奇跡だ！」と大騒ぎすることも楽しみのひとつみたいなのです。

牛頭天王への願掛けのコツは、願掛け自体を面白いものとして認識してもらう、もしくは自分を面白いやつだと思ってもらう、のどちらかです。自分を面白いやつだと思ってもらうには、とにかく話しかけることが大切です。

くだらないことでも、自分では「面白くないかも？」と思う話でも、たくさん話すことが重要なのです。冗談を言ってみるのもいいですし、恥をかいた話、失敗した話なども面白がってもらえます。

人から飛ばされた悪念から守ってもらう、というこの願掛けは、面白いとかそのようなこととは関係なしに聞いてくれます。

しかし、他の願掛けに関しては、叶わないかもしれませんし、あきらめていたら、ある日突然叶うかもしれません。

「一発逆転がある……宝くじみたいなものだ」

牛頭天王本人がそう言って、カラカラと笑っていました。うまい表現だと思います。宝くじは買わないと当たりません。牛頭天王も参拝に行かないと一発逆転はもらえないので、一回は行ってみることをおすすめします。

こまごまとしたお願い……たとえば、受験合格とか、就職とか、今やっている仕事がうまくいきますようにとか、そのようなこまごましたものは子分が叶えることもあります。

祈祷中に後方で、お賽銭箱にお金を入れてパンパンと2拍手している音が聞こえました。

「祈祷中でも、他の願掛けを聞いていらっしゃるのですか？」

「願掛けはすべて聞いている」

ただし、他の神様のように、できるだけ多くの願掛けを叶えてあげようとか、ひとりでも多くの人を救ってあげよう、という気持ちはない、と明るく言っていました。あっけらかんとそう言われると、こちらも気が楽になるのが不思議です。

願いを叶えようと思えば叶える、叶える気が起こらない時は何もしない。そこは気分次第なのです。これはどの牛頭天王も同じで、共通の意識のようです。

境内社がたくさんあって、有名な神様の名前も書かれていましたが、すべて牛頭天王の子分が入っていました。牛頭天王系の波動で神社を固めているのです。

私は祈祷でいただいたおふだのほかに、お守りとおふだを買いました。これに人からの悪念をはじく波動を入れて下さい、とお願いをしました。

ここの牛頭天王も大きな力を持っていて、ご本人にも魅力があります。どういうふうに願掛けをしようかと考えることも、牛頭天王を笑わせる話をあれこれ考えるのも楽しいです。一発逆転が狙える神社ですし、参拝をエンジョイできる神社でもあります。

また来たい！　また会いたい！　と心から思う牛頭天王でした。

## 【竹寺】
### 埼玉県飯能市南７０４

山道を車で登って行きます。そんなに長い距離ではないけれど、けっこう険しい山道です。

古くからあるお寺のようですが、最近は参拝客が少ないのかな、と思いました。境内の寂寥《せきりょう》感が半端ないのです。本殿は入口から少し登ったところにあり、途中に「茅《ち》の輪くぐり」もありました。

本殿には牛頭天王の「気」があります。しかしそれは、正統派の４社（八坂神社、今宮神社、広峯神社、津島神社）の「気」とは違います。あれ？という違和感を覚える「気」なのです。

とりあえずご挨拶をして、ふと見ると、いくつかのおみくじが置かれていました。そこに「水みくじ」があり、珍しいので引いてみました。３００円を入れて１枚取ろうとしたら、

「一番上を引け」

と、いきなり言われました。

「え！　すみません、一番上は引きたくないので、真ん中から引きます」

真ん中から1枚取ろうとして、重ねてあるおみくじの束をどこで分けようかと悩んでいたら、またしてもアドバイスされました。

「そこだ！」

「…………。えっと、これもやめておきます。自分でビビッと感じたものを引きたいんです」

そう言って、自分の感覚で引いた水みくじを水の張られたたらいにつけると……結果は末吉でした。

「う〜」

運勢のよくない内容を読んでいると、

「だから一番上を引けと言っただろうが」

と言われました。

ここにいるご本尊はたしかに牛頭天王の「気」を持っているのですが、やっぱりどこか、何かが違います。存在やパワーが大きくないのです。

本殿の裏にまわってみたら、そこから山へと道が続いていました。「関東ふれあいの道」という看板を見ると、ハイキングコースになっています。道しるべに「子《ね》の権現」と矢印が書かれていたので、山の中に入りました。

この山は神様の山ではありません。見た目は熊野や他の山と似ているのですが、「妖《あやかし》」が出そうな山なのです。かまわずに歩いていたら、山の上のほうから霧が下りてきます。山頂あたりから下へと少しずつ霧に包まれていくのです。その時は、幻想的だな～と思いました。

さらにちょっと歩いていると……突然「やばいかも」と感じました。ここから先は行かないほうがいい、という強烈な警告の直感があったのです。

というのも、その前から妙な音がしていました。後ろから誰かがついて来るような足音がしたり、水がまったくないのに、水がバシャバシャと流れる音がします。カタカタと乾いた音もするので、誰か来たのかな？　と振り返っても誰もいません。

妖にからかわれているな～、と思っていたところだったので、引き返すことにしました。

その時に何気なく山頂を見たら、さきほどよりも、もっと下のほうまでどんよりと濃い霧が下りていました。なんとも言えない不気味な霧で、速度を上げてどんどん下りてきます。

ああ、この霧に当たったらマジでやばい、とあわてて山から出て、竹寺の境内に戻りました。

この時に、山道から本殿を……つまり、上から本殿を見て、牛頭天王の濃厚な波動というか、牛頭天王の世界というか、次元というか……それが本殿の後方〝上空〟にあることがハッキリとわかりました。それは4つの神社の牛頭天王と同じものです。

本殿上空でつながっているのです。社殿内部ではありません。牛頭天王だと私が感じたのは、この本殿後方上空、奥の次元から流れてきていた「気」だったのです。

それまでに見た4つの牛頭天王の神社では、境内に濃厚な「気」が満ちていて、境内が牛頭天王世界であり、牛頭天王次元でした。ここで違和感を覚えたのはこの違いだったのです。

ふたたび本殿のところに行くと、今度は明らかに違うことがわかりました。

先に結論を言いますと、ここにいたのは牛頭天王の子分でした。ですから、牛頭天王系の

「気」を放っていますが、牛頭天王とは違っていて当たり前だったのです。親分がいるのは後方の山ではありません。牛頭天王が山にいること自体ありえませんから違います。

話を聞くと、ここにあった本殿は少し前に焼失したらしく、今建っているのは、その後に再建されたものだと言います。焼失から再建するまでの間に牛頭天王はここを去ったそうです。

「失礼な質問かもしれませんが、八坂神社、今宮神社、広峯神社、津島神社の眷属とは違うように思うのですが？」

「うむ。そこの眷属たちとは違う」

「でも、本殿後方上空に同じ世界と言いますか、次元は感じるんです」

「ここは寺だ」

「はい……」

牛頭天王は2つの種類に分かれた、みたいなことを言います。

牛頭天王は昔も今も、神様と仏様の中間というのは変わりません。ですから、昔は神仏習合でちょうどよかったのです。どちらの世界にもいけるし、自由に動けるからです。

けれど、日本の宗教が変わって、神仏習合は神社とお寺の2つにパカッと分かれました。

今もまだ、神仏習合の名残があるところもありますが、神社かお寺のどちらかハッキリしています。そして、ここは寺だ、と言うのです。

私があげた4つの神社の牛頭天王は、神社のご祭神です。境内が神社なのです。神社タイプの牛頭天王です。ここはお寺ですから、仏教の色がつくというか、お寺タイプの牛頭天王だそうです。タイプが違うから、両者は同じではないと言います。

なるほど、と思いました。神社とお寺は全然違います。神社の境内に一歩入った時と、お寺の境内に一歩入った時に感じるものは、人間の私でも大きく違っています。見えない世界の存在だったら、その違いはもっともっと大きいのだと思います。

神社はその性質から、物質界のほうに巨大な力を使うので、パワーをぶわーっと現実の世界に放ちます。そこにいる牛頭天王もそのような神様になります。

お寺は見えない世界に力が大きく作用するので、主にそちらにパワーが使われます。その雰囲気というか、色というか、その影響でここにいた牛頭天王はお寺の牛頭天王になっていたそうです。その眷属（たぶん一の眷属です）ですから、同じような仏教系となっているわけです。

わかったような……わからないような……そんな理解度で話をしつつ、境内を戻っていたら、牛頭天王像がありました。ツノがあって、お腹がぽってり出ている、なんだか可愛らしい顔をした像です。

「牛頭天王って、このお姿ではありませんよね？」

「なぜだ？」

「私、４柱の牛頭天王に会っているのですが、どの牛頭天王もお姿を見せてくれないんですよ～」

「そりゃそうだろう」

眷属は大笑いをしながらこう言いました。

「姿を見たら驚く」

またしてもワッハッハッとすごく楽しそうに笑います。怖い顔をしているのか、妖怪っぽいのか、はたまた見たこともないような変なお姿なのか……そこはわかりませんが、

「姿は見せないだろう」

と、言っていました。

「このような可愛らしいお姿ではないのですね？」

「そんな姿ではない」

そこでまた、おかしそうにクックックックッと笑っています。ですよね～、この姿だったら可愛すぎますよね～、と思いました。でも、この像みたいなお姿で出てこられたらファンが急増するのではないでしょうか？　と言うと、またしても大爆笑していました。

「ここでお願いをしたら聞いてくれますか？」

「気が向いたら」

へぇ～、そこは一緒なんだ～、と思いました。竹寺のご本尊は、かつてここにいた牛頭天王の子分（眷属）でした。でも、牛頭天王とは本殿後方上空でつながっていますから、もしかしたら、呼べば来てくれるのかもしれません。

**【須賀神社】**

**栃木県小山市宮本町1－2－4**

読者さんに情報をもらったので行ってみました。手水舎の写真を撮っていたら「こっちこっち」と声が聞こえます。ん？　と見たら、小さなお社が木々の間から見えています。ちょっと来てくれ〜、みたいな感じだったので、まわって行くと、お稲荷さんがいました。

このお稲荷さんは境内のマップに、一応お社の絵は描かれていましたが、名前は書かれていません。でもちゃんといるのです。もしかしたら、もともと稲荷社ではないお社だったのかもしれません。というのは、いたのは1柱だけだったからです。

参拝してくれる人がほぼいないとのことで……そうだろうな、と思いました。わかりにくいところにあるのです。祝詞をあげてくれぬか〜、と言われたので、祝詞を唱えました。すると「ふぅ」とリラックスしたような雰囲気になり微笑んでいました。優し〜〜〜いお稲荷さんです。

拝殿でとりあえずご挨拶をしました。実はここではまだ牛頭天王なのかどうか……判断がつきませんでした。そこで、裏の境内社エリアへ行ってみました。

摂社末社がずらりと並んでいます。一番左が「天満宮」となっていますが、天満宮とは全然違う「気」が流れています。近づいてみたら、変わった格好をしている、妖怪っぽいものがいました。牛頭天王の子分です。三峯神社や出雲社というお社もありましたが、そこも妖怪みたいな姿をした子分がいました。

その横に、稲荷社がありました。手水舎のところにお稲荷さんがいたけれど、ここにも稲荷社があるのだなと見ていたら、「手を合わせろ」と狛狐に言われました。はい、すみません、とご挨拶をします。

「入口のところにもお稲荷さんがいましたよ？」

「うむ」

「1柱だけで、寂しいとおっしゃっていましたが？」

あの稲荷とは系統が違う、とのことです。こちらのお稲荷さんとは系統が違うので、お社に一緒に入っていないそうです。向こうは向こうだと言うのです。

「寂しいって……言ってましたよ？」

「う……む」

ここで、あっ！　と気づきました。

境内社は牛頭天王の子分だらけです。姿をはっきりと見せないものもいますが、妖怪っぽい姿ばかりなのです。まさに映画『スターウォーズ』に出てくる、変わった姿の異星人です。

しかし！　稲荷社だけは普通のお稲荷さんの姿なのです！　つまり、お稲荷さんは牛頭天王の子分にもなれる、というわけです。へぇ～！　すごいなー、と驚きました。存在できる世界を臨機応変に変えられるというか、変幻自在というか……。

そういえば、空海さんの子分になって働いていたお稲荷さんもいましたし、仏教のダキニ天さんの子分となって働いているお稲荷さんもいます。神道、仏教、牛頭天王、どこの子分にもなれるのがお稲荷さんなのです。もちろん修行をして神様にもなれます。

牛頭天王の子分は怪しげな姿のものたちばかりで、そのものたちと一緒にいられる、仲間になれることがビックリです。お稲荷さんって……実はすごいのではないだろうか？　と思いました。大発見です。

裏の境内社エリアはいい感じです。子分がずら〜っと並んでいるだけですが、あったかい感じがしました。拝殿や本殿より、境内社エリアのほうが居心地がよかったです。

本殿の神様は存在がちょっと小さいというか、弱いというか……境内に入って、まごうかたなき牛頭天王！　という気圧《けお》されるパワーがありませんでした。

さらに、お話もしてくれません。

「竹寺にいた牛頭天王は系統が違っていたみたいなんですけど……」

「うむ」

話を聞くのは聞いてくれます。けれど、しゃべってくれないのです。八坂神社や津島神社の牛頭天王と違って人間慣れしてないのかな？　と思いました。

「牛頭天王がいくつかの神社にいて、どの牛頭天王も同じ波動の神様で……ということは、牛頭天王はどこかから、皆さん一緒に来られたのでしょうか？」

中国から来たのかな？　と思ったのです。するとピシッとこう言われました。

「愚問である」

ひ〜え〜！　初のお言葉が「愚問」です。しかも冷たく言い放たれてしまいました。

「お前は……稲荷が同じ波動で同じ姿だったら、みなが一緒にどこから来たのか、と聞くのか？」

「えっと〜。聞かないです」

「…………」（風がびゅわわーっと吹きつけてきました）

本殿に参拝している間、台風並みの風が吹いていました。それでもへこたれず、あれこれ聞きまくりやっと判明したのは、ここにいるのも牛頭天王の子分だった眷属でした。八坂神社から来たそうです。今はパワーをつけて神様になっていますが、もとは子分だったそうです。八坂神社や津島神社の牛頭天王みたいに、面白いやつだったらサポートしたろかな〜、という、そのへんを面白がる神様ではありません。ちょっと人間との間に距離があるように思いました。

子分だったので波動やごりやくは同じです。人から投げられた悪念からも守ってくれます。ただ、牛頭天王みたいな一発逆転はなさそうです。こちらの神様はせっせと真面目に通うほうが願掛けを叶えてもらえる率が高いです。

## 【羽田神社】

### 東京都大田区本羽田3ー9ー12

飛行機の神社だということは読者さんから教えてもらって知っていました。東京に引っ越してきた時に、「参拝に行ってみて下さい」というメッセージをいただいたのです。しかし、なかなか行くチャンスがなく……そんなある日、牛頭天王がいるのでは？　というメッセージが届きました。

東京の、それも空港に近い場所に牛頭天王がいるかなぁ……いないだろうな〜、というのが最初に思ったことです。とりあえず行くだけ行ってみようということで、まったく期待せずに行きました。私は飛行機が好きなので、そちらの話が聞けたら面白いという気持ちでした。

駐車場で車を降りて、本殿を見たら！　驚くことに牛頭天王がいます！　うわぁー、東京にもいたんだー！　と、大興奮です。あわてて拝殿に行き、ご挨拶をしました。ここの牛頭天王は「気ままにここにいる」という感じで鎮座していました。リラック

スムードであり、くつろいでいるという余裕があります。

「飛行機の神様になっていますが？」

牛頭天王は、フフフ、と少し笑って、

「それはそれでかまわない」

と言います。大らかで自由な雰囲気そのままで答えてくれました。

他の4つの神社にいる牛頭天王と同じ大きさで、同じく巨大なパワーを持っています。もちろん、ものすごく強いです。同じように強いのですが……ちょっとした違いがあります。人間の願い事を叶えるという部分がちょっと違うのです。

ここの牛頭天王は、願掛けを叶える動機が自分の気持ちのみなのです。

面白い人だから叶えてやろう、面白い願掛けだから叶えよう、というのが4社の牛頭天王です。もちろん、気持ち次第の時もあります。

ここ羽田神社の牛頭天王は、叶えてやろうかな〜、という気持ちになった時に、たまたま来た人の願いを叶えるそうです。冷たいわけではありません。自分を信仰する人がたくさんいるから、去らずにここにいる、と言っていましたので、人間を思う気持ちはあるのです。

でも、それと願掛けを叶えるのは別みたいです。

もちろんどの牛頭天王も一生懸命にお願いする人が来たら、一生懸命だから仕方ない、叶えてやろうか、と思うところがないこともないですし、せっせと通う人を無視できない、という部分もなきにしもあらずです。

けれど、羽田神社に限って言えば「願掛けを叶えてやろうかな～、暇だし～、ちょっと動くか～」みたいな時に、たまたま来た人の願いをドーンと叶えるそうです。

いい意味での福引きみたいなものです。当たれば大当たりですし、四苦八苦して面白いことを言わなくてもいいのです。ただ参拝するだけで1等賞をもらえるかもしれません。

拝殿の左奥に富士山の小山を作っているエリアがあります。石で山が作られていて、てっぺんにお社が置かれています。羽田富士塚というそうです。お社には女性姿の神様がいました。この神社の境内にいるということは牛頭天王の子分です。

境内にはお稲荷さんが3社あります。すべて別のところからここに移転されたようです。

一番奥のお稲荷さんだけ、お社を囲う赤いお堂がありません。他のお稲荷さんは赤いお堂の中にお社がありますが、ここだけごく普通にお社のみで狛狐が置かれています。このお稲荷さんの眷属の機嫌がよろしくありませんでした。お稲荷さん自体はそうでもないのですが、眷属がご機嫌ななめなのです。見た瞬間に「うわ、こわ」と思ったくらいです。

写真を撮らせて下さいと言うと、「う！　む！」みたいな感じで許可をくれました。参拝者に怒っているのではありませんから、気にしなくても大丈夫です。

境内の最奥にあるお神輿を見に行き、そこで隣がお寺であり、墓地があることに気づきました。墓地を嫌う神様は多いです。

とある神社を参拝した時のことです。そこは小山になっていたのですが、「境内に」しかも、「本殿の横に」墓地が作られていました。たくさんのお墓があったのです。そこにいた神様は山に帰ってしまわれ、あとに残っていたのは修行中のイタチでした。神様も眷属もお墓を嫌がって去っていったのです。

羽田神社もすぐ隣が墓地です。コンクリートのブロック塀があるけれど、地続きですし、すぐそこなのです。一番奥のお稲荷さんは墓地に近いので、それがイヤなのかも？　と思いました。お堂に囲まれていませんでしたし。

しかし、牛頭天王は墓地をなんとも思っていないそうです。嫌悪感もなく、影響もまったくありません。やっぱり牛頭天王は神様と仏様の真ん中なんだな、と改めて思いました。仏様の要素があるから墓地も平気なのです。

授与所を見たら、絵馬のデザインが飛行機でした。

「飛行機の神様ですね～」

「フフフ」

話をしてあげよう、というタイプではないので、こっちがせっせと問いかけないとしゃべってくれません。神様によってはたくさんしゃべってくれますし、何を聞きたいのか？　と聞いてくれる神様もいますし、質問に細かく答えてくれる神様もいるのですが、そういう気遣いはなく終始リラックスムードです。

社殿にでーんと座っているイメージですが、ここの牛頭天王も姿を見せてくれませんでした。私がいた間、参拝客は男性が1名来ただけでしたが、参拝客が少ないことも全然かまわないそうです。

自分がいたいからここにいる、ちょっと動こうかなと思えば願掛けを叶える、そんな自由気ままな神様です。眷属を使って、ああしろこうしろというのも面倒だと思っているようで、願掛けはご本人が叶えているみたいです。

牛頭天王自身の力はものすごく強いです。乗っかっている悪念は取ってくれますし、その後もしっかりと守ってくれます。悪念に関することは、お願いをすると「取る」「守る」とハッキリ言っていました。

飛行機の神様となっていますが、実は正統派の牛頭天王がいる神社なのです。

# 神社別おふだ波動逆引き

| | |
|---|---|
| 突然襲ってくる災難を防ぎたい<br>うっかりミスをしたくない | 秋葉 |
| 目標を達成したい<br>前向きに頑張りたい | 八幡宮 |
| 学業・研究・開発を成就させたい<br>勉強が好きになりたい | 天満宮 |
| 神様にもっと近づきたい<br>神様がわかるようになりたい | 稲荷社 |
| 厄除けをしたい<br>信頼される人になりたい | 白山 |
| 夢を叶えたい<br>自分をもっと輝かせたい | 猿田彦 |
| 精神的に安定したい<br>勝負強くなりたい | 日吉、山王、日枝 |
| 自分の中にある矛盾をなくしたい<br>周囲とうまくやっていきたい | 住吉 |
| 「魔」から守ってほしい<br>日々の生活を好転させたい | 山岳 |
| 健康になりたい<br>家の中を明るくしたい | 宗像 |
| 仕事も家も繁栄させたい<br>霊感を強くしたい | 諏訪 |
| 「魔」をはじいてほしい<br>運のメーターを上げたい | 金刀比羅宮 |
| よい波動を充電したい<br>心を優しくまろやかにしたい | 巣守神社〈境内〉 |
| 生活をうるおわせたい<br>仕事の能力をアップさせたい | 山の神 龍 |
| 運まわりをよくしたい<br>癒やされたい | 月読宮〈境内〉 |
| 幸せな人生をおくりたい | 伊勢神宮 |

# おわりに

人間はほとんどの人が年齢を重ねることで、若い頃の自分よりも分別がつき、視野も広がり、性格も角が取れて穏やかになります。よい方向に成長する人が多いです。同様に若い頃に比べて、霊格が高くなっている人も少なくなく、中には驚くほど上昇している人もいます。

霊格を上げることは重要な課題のひとつとして、どなたも「頑張ろう！」と強く決意をして生まれてきています。ですから、霊格を予想以上に上げることができたら、あちらの世界に帰った時に、守護霊と手を取り合ってぴょんぴょん飛び跳ねて大喜び、抱き合って大喜び、という状態になります。さらに、あちらの世界でもらえるありがたい特典も多いです。

霊格向上の課題を好成績でクリアするためには、どのようなことが霊格を上げるのかについて知っておいたほうがいいので、そこを書いてみたいと思います。

## 艱難辛苦を乗り越えることで上がる

人生にはつらいこと、悲しい出来事が必ず起こります。「どうしてこんな目にあっているのだろう？」と、神仏や天を恨むことがあるかもしれません。けれど、そのように奈落の底に落ちた状態の心を懸命な努力によって穏やかな平常心にまで戻すと、霊格が上がります。

人を恨んだり、憎んだり、意地悪になったりしないという、心に後遺症がない場合です。乗り越えることが容易ではない、非常に厳しい試練だったら、上昇度も大きいです。

## 人助け、人に奉仕する、人の役に立つことで上がる

これはいろいろな方法があります。道で困っている人に声をかけるというところから、ボランティアをする、できる範囲で寄付をするなどです。NPOといった社会貢献をする市民活動団体で働くのもいいですし、そこまで本格的ではなくても、誰かの相談を親身になって聞いてあげることも立派な人助けです。

ネットで旅行の穴場を教えたり、美味しい料理のレシピを公開したり、癒やされる写真を掲載したりという、そのようなことも人に奉仕をしていますし、人の役に立っています。

## 信仰心が深まることで上がる

神仏を以前よりももっと好きになっているという人は霊格が上がっています。霊格が上がると、神格・仏格の高い存在のそばに行きたいと魂が欲するため、神社仏閣に行く頻度が高くなります。昔よりも参拝に行く回数が増えているという人も霊格が上がっている証拠です。

神仏に会いに行って、そこで感動したり、感銘を受けたり、歓迎のサインをもらって感激したり……というそれは「心の」修行をしています。修行はつらいこと、苦行だけを言うのではありません。このように「神仏を感じる」という心の動きも、一種の修行なのです。

人知を超えた出来事に遭遇する、奇跡だとしか思えない状況で救われるなど、身に起こる出来

事から神仏の存在を実感し、感謝をすることでも霊格は上がります。

## 悟ることで上がる

「悟る」という言葉から、お釈迦様のように悟りをひらくことを想像されるかもしれませんが、そのレベルまでいかなくても霊格は上がります。初級クラスの悟りでも、かなりの効果があるのです。

日々の生活で何かマイナスの出来事が起こった際に、腹を立てて終わり、あ〜あと嘆いて終わり、というのがほとんどですが、実はその時こそが考えるチャンスです。その出来事を通して自分の人生だけでなく、「人間」や「生きる」ということについて、スピリチュアルな観点から考えてみることが大切なのです。

テレビのニュースやドキュメンタリー番組を題材にして考えることもできます。なぜそのようなことをしたのか……その心理はどのようなものなのか、それがいけないことだったら、どうして大半の人はしないのにする人がいるのか、されたほうの心境はどうなのか、その人たちの人生とは……など、いろんな面に考えをめぐらせます。

虐待や殺人などの心が痛むニュース、戦争のドキュメンタリー番組、偉人の感動する生涯など、世の中にはさまざまな人生や出来事があります。そこから、正邪について、人としてのこの世でのあり方など、思いつくままに考えてみるのです。答えを出す必要はありません。ただ、考えるだけです。

犯罪を選ぶ人もいるし、偉業を成し遂げる人もいる、人間とはなんだろうと〝深く〟（ここがポイントです）思考することが重要なのです。正解があるわけではありませんから、自分なりに「生きるとは？」「人生とは？」「人間とは？」「魂とは？」と深く、突き詰めて考えてみる……これが魂を成長させます。

皆様ご存じのように、お釈迦様は厳しい修行である「苦行」から悟ったのではなく、深く思索することで悟りをひらきました。そのことが物語っているように、深く考えることは本当に霊格を向上させるのです。

神仏を心から信仰し、つらいことがあっても心まで疲弊させず、人には優しく接し、時々深く人生や人間について考える……シンプルですが、このような生活をしていれば、あちらの世界に帰る時は霊格の高い自分になっています。にっこりと輝くような笑顔で帰ることができます。厳しい修行は必要ないのです。

自分というこの人生……私だったら、桜井識子という人生は1回きりです。生まれる前の目標よりも霊格を上げることができて、「頑張った人生だったなぁ」と満足して逝くことができたら、それは大成功をおさめた人生と言えるのです。

桜井識子

**桜井識子**　さくらい　しきこ

神仏研究家、文筆家

1962年広島県生まれ。霊能者の祖母・審神者の祖父の影響で霊や神仏と深く関わって育つ。神社仏閣を2000ヶ所以上参拝して得た、神様・仏様世界の真理、神社仏閣参拝の恩恵などを広く伝えている。神仏を感知する方法、ご縁・ご加護のもらい方、人生を好転させるアドバイスなどを書籍やブログを通して発信中。

『ごほうび参拝』『新装版 ひっそりとスピリチュアルしています』(ハート出版)、『ごりやく歳時記』(幻冬舎)、『神様仏様とつながるための基本の「き」』(PHP研究所)、『おみちびき』(宝島社)、『死んだらどうなるの?』(KADOKAWA)など著書多数。

「桜井識子オフィシャルブログ～さくら識日記～」

https://ameblo.jp/holypurewhite/

# 開運に結びつく神様のおふだ

令和２年８月１日　第１刷発行

令和５年３月１日　第６刷発行

著　者　桜井識子

発行者　日高裕明

発行所　ハート出版

〒171-0014東京都豊島区池袋3-9-23

TEL03-3590-6077　FAX03-3590-6078

ISBN978-4-8024-0101-2　C0011



印刷・製本／中央精版印刷　編集担当／日高　佐々木